D0891292

WILLIAM SHAKESPEARE

LA TEMPÊTE

texte français
d'ANTONINE MAILLET

LEMÉAC

Données de catalogage avant publication

Shakespeare, William, 1564-1616
  [Tempest. Français]
  La tempête.
  (Collection Théâtre)
  Traduction de : The Tempest.
  ISBN 2-7609-0921-2
  I. Maillet, Antonine, 1929- . II Titre. II Titre : Tempest. Français.

PR2779.T4M28 1997   822.3'3   C97-940751-6

Nous remercions le Conseil des arts du Canada de l'aide accordée à notre programme de publication, ainsi que la SODEC pour son soutien à l'édition.

Couverture : Illustration d'Arthur Rackham, dans William Shakespeare, *The Tempest*, Édition limitée, Londres, William Heinemann Ltd, New York, Doubleday : Page & Company, 1926.

ISBN 2-7609-0921-2

© Copyright Ottawa 1997 par Leméac Éditeur Inc.
1124, rue Marie-Anne Est, Montréal (Qc) H2J 2B7
Dépôt légal – Bibliothèque nationale du Québec, 4ᵉ trimestre 1997

Imprimé au Canada

DIALOGUE AVEC SHAKESPEARE

— J'ai écrit trente-six livres, William, griffonné autant de brouillons, et j'ai toujours aussi soif, toujours aussi peur.

Shakespeare me regarde sans animosité ni complaisance :

— Mon trente-sixième livre, à moi, c'était LA TEMPÊTE qui se termine par une assiégeante prière au public de me pardonner.

— Te pardonner, à toi, le grand Will ? C'est de ton auditoire que tu réclamais la clémence ? tu tremblais devant le public ?

— Devant le Créateur du ciel et de la terre en sept jours.

— Ah ! il faut avouer que tu avais mis la barre assez haut, mais c'était la seule ambition digne de toi.

— Ambition, pouah ! Comme si l'écrivain pouvait se payer ce luxe-là ! De l'ambition ! Tu dois pourtant savoir maintenant que l'écriture, c'est la pire des servitudes. Et pourtant la plus sublime des libertés.

— Pourquoi me bombarder de paradoxes ? pourquoi te faut-il toujours revêtir ton masque de clown, William, chaque fois que je t'interroge ?

— Parce que le clown est le seul visage de moi auquel acceptent de répondre tous les autres. Hamlet parle au crâne d'un clown dans un cimetière ; King Lear à son fou au cœur de la tempête. Qui donc daignerait me répondre à moi dans ma peau de bourgeois, mes habits de ville, mon état civil d'acteur-directeur de théâtre? Quand je plonge au fond de moi, ou nage entre les étoiles suspendues au rideau du cosmos, je ne suis plus un homme, mais une inquiétude, un malaise, une angoisse, une attente, un ennui, une transe, une impatience de vivre l'aventure de tous les êtres vivants ou possibles qui ont traversé la durée de l'univers. Tout cela pour oublier que ma propre durée ne sera que... la vie d'un homme.

— Et ce n'est pas de l'ambition, ça?

— C'est de la folie. Et je suis un fou. Voilà mon vrai visage, n'en cherche pas d'autre.

A. MAILLET

Cette traduction de *La Tempête* de Shakespeare faite par Antonine Maillet a été créée à Montréal au Théâtre du Rideau-Vert le 25 février 1997, dans une mise en scène de Guillermo de Andrea.

DISTRIBUTION

Alonso, roi de Naples	Raymond Legault
Sebastian, son frère	Reynald Robinson
Prospero, duc légitime de Milan	Guy Nadon
Antonio, son frère, duc usurpateur de Milan	Denis Roy
Ferdinand, fils du roi de Naples	Gabriel Sabourin
Gonzalo, vieux conseiller honnête	Michel Daigle
Adrian, jeune seigneur	Martin Choquette
Francisco, jeune seigneur	Pierre Pinchiaroli
Caliban, créature sauvage et difforme	Mario Saint-Amand
Trinculo, bouffon	Guy Jodoin
Stephano, sommelier ivrogne	Luc Guérin
Un maître d'équipage	Philippe Beaulieu
Miranda, fille de Prospero	Rosa Zacharie
Ariel, esprit de l'air	Marc Béland
Cohorte d'esprits	Ann Mc Intyre
	Christine Charles
	Sylvain Delisle

Décor	Danièle Lévesque
Costumes	François Barbeau
Éclairages	Michel Beaulieu
Musique	Michel Smith
Chorégraphie	Jacqueline Lemieux
Accessoires	Jean-Marie Guay
Assistance à la mise en scène et régie	Roxanne Henry

ACTE I

SCÈNE I

Sur un bateau en mer. Tempête accompagnée de tonnerre et d'éclairs. Entrent le capitaine et le maître d'équipage.

CAPITAINE. Maître d'équipage !

MAÎTRE D'ÉQUIPAGE. Ici, mon capitaine. Quelle nouvelle ?

CAPITAINE. Parle aux matelots, compagnon ! Fais vite, nous nous échouons. Bouge, démène-toi.

Il sort. Entrent les matelots.

MAÎTRE. Hé, mes braves ! Du cœur, du cœur, mes braves ! Vite, faites vite ! Rabattez le hunier ! Restez aux aguets. La mer pourra se déchaîner et se fendre par le milieu, tant qu'elle nous laissera un petit peu de champ pour manœuvrer, nous serons saufs !

Entrent Alonso, Sebastian, Antonio, Ferdinand, Gonzalo et autres.

ALONSO. Brave maître d'équipage, écoute-moi. Où est le capitaine ? Et vous, soyez des hommes.

MAÎTRE. De grâce, restez dans la cale.

ANTONIO. Où est ton capitaine, p'tit-maître ?

MAÎTRE. Vous ne l'entendez pas ? Laissez-nous travailler en paix. À vos cabines : vous ne faites qu'aider la tempête.

GONZALO. Mais non, mon homme, sois patient.

MAÎTRE. Je serai patient quand la mer le sera. À la houle furieuse, le nom du roi ne fait ni chaud ni froid. À vos cabines ! Silence ! Vous nous dérangez.

GONZALO. Hé, compagnon, n'oublie pas qui tu as à bord.

MAÎTRE. Personne que je n'aime autant que moi-même. Vous êtes un conseiller ; si vous réussissez à conseiller aux éléments de se taire et à ramener la paix dans l'heure qui passe, nous lâcherons les cordages. Exercez votre autorité. Sinon, remerciez le ciel d'avoir vécu si longtemps ; et préparez-vous dans la cale à l'aventure du moment, si elle se présente. Courage, les hommes ! Et vous, enlevez-vous de nos jambes, que je dis.

Il sort.

GONZALO. Ce garnement me réconforte. M'est avis que celui-là ne porte sur lui aucune marque du noyé, mais est la parfaite image du pendu. Tiens ferme, ô Destin, garde-le pour l'échafaud ! Laisse-nous nous accrocher à la corde de sa destinée plus rassurante pour nos vies que les câbles du navire. Si ce misérable n'est pas né pour être pendu, nous sommes finis.

Il sort avec les autres. Entre le Maître.

MAÎTRE. Couchez le mât de hune ! Vite ! Plus bas, plus bas ! En dessous de la grand-voile. (*Un cri venu d'en bas.*) Peste soit de ces hurlements ! Les bruits qui montent de la cale enterrent ceux qui sortent de la tempête ou de ma bouche. *(Entrent Sebastian, Antonio et Gonzalo.)* Encore ceux-là ? Que vient-on faire ici ? Devrons-nous abandonner le bateau et périr ? Avez-vous vraiment le goût de sombrer ?

SEBASTIAN. Que la vérole t'étouffe, braillard impie, chien de potence !

MAÎTRE. Fort bien, en ce cas, je vous passe la barre.

ANTONIO. Va te faire pendre, mufle! À la corde, fils de pute, insolent, grande gueule de fanfaron! Nous avons moins peur de la noyade que toi.

GONZALO. Je gage que celui-là ne se noyera jamais, même si la coque de ce navire ne vaut pas une coquille de noix et prend l'eau comme une putain grand ouverte.

MAÎTRE. Serrez les voiles, vite! Les deux voiles! Cap au large! Prenez par le large!

Entrent les matelots, trempés.

MATELOTS. Tout est perdu! À genoux! à genoux! Tout est perdu!

Ils sortent.

MAÎTRE. Quoi! faut-il que nos jours soient déjà comptés?

GONZALO. Le roi prie, et le prince. Rejoignons-les. Car notre sort est lié au leur.

SEBASTIAN. Patience!

ANTONIO. Des soûlards nous dérobent nos vies. Braillard,
Si tu pouvais seulement te noyer, puis...
Que dix marées te lavent le corps.

GONZALO. Pendu,
Même si chaque goutte de mer dit le contraire,
La gueule béante prête à le dévorer.

Un bruit confus monte de la cale. Des voix :

Miséricorde! Nous coulons, nous coulons.
Adieu, femme et enfants! Adieu, mon frère!
Nous périssons, la coque se brise, adieu!

Sort le maître d'équipage.

ANTONIO. Nous périrons avec le roi.

SEBASTIAN. Allons, prenons congé de lui.

Les deux sortent.

GONZALO. Je troquerais mille toises de mer contre
                                                un acre
De terre ferme : du genêt, de la bruyère,
N'importe quoi. Mais que la volonté
D'en haut soit faite. Même si, ayant le choix,
J'opterais plutôt pour une mort plus sèche.

Il sort.

SCÈNE II

L'île.
Devant la grotte de Prospero.
Entrent Prospero et Miranda.

MIRANDA. Si par votre art, mon père, vous avez pu
Rendre furieuses les eaux, endormez-les.
Le firmament crachait sa poix brûlante,
Mais la houle, en éclaboussant le ciel,
Éteignait ses feux. Ce que j'ai souffert
De voir souffrir ces hommes ! Un beau navire
– Qui sans doute transportait de nobles gens –
Réduit en miettes. La clameur se cogna
Contre mon cœur ! Les pauvres, ils ont péri !
Si j'avais eu le pouvoir d'un dieu, j'eusse
Coulé l'océan au fond de la terre
Avant qu'il n'eût le temps de dévorer
Le navire et sa noble cargaison.

PROSPERO. Reprends tes esprits. Du calme. Et persuade
Ton cœur compatissant qu'il n'y a pas de mal.

MIRANDA. Maudit soit ce jour !

PROSPERO. J'ai dit pas de mal.
Je n'ai fait que chercher ton plus grand bien,
Ô toi, chère enfant, ma fille qui ignores
Qui tu es, d'où je sors et qui je suis,
Moi ton père, un autre homme que Prospero,
Seigneur de cette cellule, et cependant
Non pas plus grand que ce Prospero-là.

MIRANDA. D'en savoir davantage, ô père, sur vous
Et moi jamais ne m'a pas troublé l'esprit.

PROSPERO. Le temps est venu de t'en dire plus.
Prête-moi secours, débarrasse-moi, ma fille,
De mon vêtement magique. Bien, bien voilà.
(*Il se débarrasse de son manteau.*)
Repose-toi là, mon art. Toi, sèche tes larmes.
Le désolant spectacle du naufrage
Qui remua jusqu'au fond ta compassion,
Je l'ai suscité moi-même par magie,
Mais avec un art tel que pas une âme
– Non, pas une tête ne perdit un cheveu,
De tous ceux-là que tu as entendus
Hurler et vus sombrer au fond des eaux.
Viens, assieds-toi ; car tu dois à présent
En savoir plus.

MIRANDA. Vous avez commencé
Souvent à me dire qui et d'où je suis ;
Et puis plus rien, me laissant sur ma soif,
Pour conclure enfin : «Attends ; pas encore.»

PROSPERO. Mais l'heure est venue ; la minute présente
T'ordonne d'ouvrir ton oreille. Obéis,
Et sois attentive. Peux-tu te souvenir
D'un temps qui précéda notre arrivée
En cette cellule ? Je doute que tu le puisses,
Car à l'époque, tu n'étais pas sortie
De tes trois ans.

MIRANDA. Pourtant je me souviens.

PROSPERO. De quoi ? d'un palais, d'une autre personne ?
Dis-moi quelle image tu gardes en mémoire
De ta première enfance.

MIRANDA. C'est très loin, père,
Plus près du rêve que de la certitude.

N'aurais-je pas eu un jour quatre ou cinq femmes
À mon service?

PROSPERO. Tout à fait, Miranda,
Et même davantage. Mais dis-moi comment
Tout cela vit encore en ta mémoire.
Que vois-tu d'autre dans l'abîme du temps?
Si tu te souviens d'avant ta venue
En ces lieux, tu devrais de même savoir
Comment tu y fus amenée.

MIRANDA. Ça non.

PROSPERO. Il y a douze ans, Miranda, douze ans,
Ton père était duc de Milan et prince
Omnipotent.

MIRANDA. Sire, n'êtes-vous point mon père?

PROSPERO. Ta mère était un chef-d'œuvre de vertu.
Et elle m'a dit que tu étais ma fille.
Or ton père était le duc de Milan;
Et son unique héritière et princesse
N'appartient pas à un lignage moins noble
Que celui de son père.

MIRANDA. Ô dieux du ciel!
Quelle infâme tragédie nous en chassa?
Ou plutôt, quelle bénédiction?

PROSPERO. Les deux,
Mon enfant! Comme tu dis, par infamie
Fûmes-nous chassés, mais béni fut le jour
Qui nous mena ici.

MIRANDA. Oh! mon cœur saigne
Au souvenir des peines que j'ai causées,

Mais que ma mémoire n'a pas retenues !
De grâce, poursuivez.

PROSPERO. Mon frère et ton oncle,
Du nom d'Antonio – sois bien attentive –
Qu'un frère soit à ce point perfide ! – celui
Qu'après ma fille j'aimais le plus au monde,
Et à qui j'ai confié le gouvernail
De mon domaine, qui de tous les États
Fut le premier, et son duc Prospero
Réputé le plus digne et sans pareil
Dans les arts libéraux ; à ce point que,
L'âme engloutie dans les études occultes,
Je leur sacrifiai le gouvernement
De mon État, le confiant à mon frère,
Ton oncle perfide et faux – Tu me suis ?

MIRANDA. De toute mon attention.

PROSPERO. Alors ton oncle,
Rendu habile dans l'art de distribuer
Partout les faveurs, comme de les reprendre,
Savait qui promouvoir ou qui freiner,
Jusqu'à recréer mes propres créatures
Qu'il prenait sous son aile, ou qu'il changeait,
Tenant la clef d'office et d'officier ;
Il se permettait d'accorder les cœurs
De tous mes sujets au ton qui plaisait
À son oreille ; il fut ce lierre grimpant
Qui couvrit et cacha mon tronc princier
Afin de se nourrir de ma vigueur.
Tu ne me suis plus ?

MIRANDA. Oh si, seigneur, si !

PROSPERO. Je t'en prie, mon enfant, écoute-moi bien.
Ainsi j'ai négligé la chose publique,

Dévoué corps et âme à ma solitude
Et à la progression de mon cerveau.
Ma consécration aux choses de l'esprit
– Que je placerais au-dessus de toute valeur,
Si elles n'éloignaient du devoir d'état –
Éveilla chez mon frère sa vraie nature ;
L'abandon fraternel n'obtint de lui
Que perfidie égale à ma confiance
Qui fut pourtant sans bornes et sans limites.
Ainsi fut-il promu maître et seigneur,
Profitant non de mes seuls revenus
Mais aussi de leurs pouvoirs inhérents,
Comme l'un qui deviendrait ce qu'il prétend
Parce qu'il prétendrait l'être devenu.
Il trompa si bien sa mémoire qu'elle-même
Finit par prêter foi à ses mensonges
Et lui faire accroire qu'il était le duc
Par le seul fait qu'il avait usurpé
Ma charge, sa fonction, ses prérogatives.
Son ambition grandit. – Tu m'entends bien ?

MIRANDA. Votre récit, père, guérirait un sourd.

PROSPERO. Pour supprimer l'écran entre la pièce
Qu'il jouait et lui, pour qui elle était jouée,
Il lui fallait le pouvoir absolu
Du duc de Milan. Quant à moi, pauvre homme,
Ma bibliothèque m'était un duché
Assez grand. Voilà donc qu'il m'imagine
Inepte à gouverner dorénavant.
Dans sa soif insatiable du pouvoir,
Il va jusqu'à s'allier au roi de Naples,
Lui promettant tribut, prêtant l'hommage,
Soumettant mon duché à son royaume,
Réduisant Milan encore invaincu
À la plus ignoble bassesse.

MIRANDA. Ô ciel!

PROSPERO. Note ses transactions et le résultat;
Et dis-moi si cet homme fut bien un frère.

MIRANDA. Je serais coupable de penser en mal
De ma grand-mère. Et pourtant on raconte
Que sein noble peut porter fils indigne.

PROSPERO. Et maintenant, le résultat du pacte.
Le roi de Naples, ennemi invétéré,
Prête une oreille attentive à mon frère
Qui propose, en retour de son hommage
Et de je ne sais quel tribut en or,
De me destituer, moi et mon enfant,
De mon duché, et conférer Milan,
Avec tous ses pouvoirs et privilèges,
À mon frère. Ainsi au creux de la nuit
Destinée à cette fin, l'armée traîtresse
D'Antonio dans Milan s'introduisit;
Voilà comment, dans la noirceur profonde,
Les mandataires de notre destruction
Nous ont embarqués moi et toi en pleurs.

MIRANDA. Pitié sur moi! Comme je ne me souviens
De mes pleurs d'alors, je pleure aujourd'hui
Sur un récit qui me fait fondre en larmes.

PROSPERO. Écoute encore puis je te conduirai
À l'aventure présente que nous vivons :
Sans quoi ce récit serait insensé.

MIRANDA. Pourquoi à l'instant même ne nous ont-ils
Détruits?

PROSPERO. Judicieuse question, ma fille,
Que provoque mon histoire. Mais on n'osa,
Tant fut grand l'amour que me vouait mon peuple;

On n'osa entacher de sang l'affaire,
Peignant en plus pâle le sombre forfait.
Bref, on nous embarqua sur un chaland
Puis nous mena plusieurs lieues en haute mer
Vers la carcasse pourrie d'un bâtiment
Sans gréements, sans amarres, sans voile ni mât,
Que même les rats par instinct avaient fui.
Poussés au large, nous implorions la mer
Qui nous répondait par ses hurlements ;
Nous soupirions au vent qui par pitié
Soupirait à son tour, mais par là même
Multipliait son souffle.

MIRANDA. Hélas ! quel trouble
Ai-je été pour vous !

PROSPERO. Oh ! le chérubin
Que tu fus m'a sauvé ! Tu as souri,
Inspirée par une force venue du ciel,
À l'heure où j'inondais la mer de larmes
Et gémissais sous ma misère ; souriante,
Tu m'as rendu le cœur de supporter
La suite de nos malheurs.

MIRANDA. Comment sommes-nous
Venus ici ?

PROSPERO. Par divine Providence.
Un noble Napolitain, Gonzalo,
Chargé d'accomplir ce sombre dessein,
Par charité nous procura du linge,
Ces atours somptueux, le nécessaire
Qui, plus que nous, fut mis à rude épreuve.
De même, connaissant mon amour des livres,
De ma propre réserve il me fournit
En volumes que j'estime bien au-dessus
De mon duché.

MIRANDA. Que je voudrais avoir
Connu cet homme !

PROSPERO. Voilà, je me révèle.
Reste bien assise et entends la fin
D'un océan de peines. Ici, en l'île,
Nous avons mis pied. De même ici, moi,
Ton maître, ai-je pu t'instruire avec plus grand
Profit que n'en sauraient tirer princesses
Qui bénéficient de plus de loisirs
Ou de tuteurs moins attentifs que moi.

MIRANDA. Que le ciel vous le rende ! Et maintenant
Je vous prie de m'avouer – je suis troublée –
Vos vraies raisons pour créer cette tempête.

PROSPERO. Apprends la fin. Par étrange aventure,
La marâtre Fortune changée en dame
A conduit mes ennemis sur ce rivage ;
Et je pressens que mon meilleur augure
Dépend d'un astre des plus favorables
Dont l'influence, si je le négligeais,
Me fuirait à jamais. Plus de questions.
Tu vas t'endormir. C'est un bon sommeil,
Laisse-le venir. Tu ne peux plus choisir.

Miranda s'endort.

Apparais, serviteur ! viens, je suis prêt.
Approche, mon Ariel ! Viens !

ARIEL. Salut, mon maître ! maître suprême, salut !
Je viens servir ton bon plaisir : voler,
Nager, plonger au cœur du feu, glisser
Sur les nuages frisés. À ton épreuve
Soumets Ariel et sa cohorte.

PROSPERO. As-tu,
Esprit ailé, réalisé à fond
La tempête en mer que j'ai commandée ?

ARIEL. Jusqu'au moindre détail.
J'ai abordé le bâtiment du roi.
Sur la poupe et la proue, par l'écoutille,
Partout je fis flamber le feu follet.
Je me multipliais, mettais le feu
Au faîte du grand-mât, au bout du beaupré ;
Je m'allumais en des endroits distincts,
Puis tout à coup, mes bouts se rejoignaient :
Le feu de Jupiter, grand précurseur
Des éclairs de tonnerre et de la foudre,
Ne fit pas plus d'effet. Le feu furieux
Et l'odeur du soufre assiégeaient Neptune
Et faisaient trembler ses lames arrogantes.
Eh oui, j'ai vu son trident redoutable
Trembler.

PROSPERO. Mon brave esprit ! Dis-moi, qui fut
Devant cet orage assez courageux
Pour ne pas perdre la raison ?

ARIEL. Personne.
Pas un qui ne fût atteint de la fièvre
De la folie et ne désespérât.
Hors les marins, tous plongèrent dans le gouffre
En abandonnant le navire en feu
Que j'allumais. Ferdinand, l'héritier,
Cheveux à pic tels des roseaux, sauta
Le premier du navire et s'écria :
« L'enfer s'est vidé, les démons sont là ! »

PROSPERO. Bravo ! Mais la tempête n'eut-elle pas lieu
Tout près du rivage ?

ARIEL. Tout près, mon bon maître.

PROSPERO. Mais ils sont saufs?

ARIEL. Pas un cheveu en moins.
Pas la moindre tache sur les vêtements,
Tous secs et qui flottaient comme des bouées.
Selon vos ordres, je les ai dispersés.
Le fils du roi, l'ai isolé dans l'île,
Le laissant soupirer seul en son coin,
Les bras croisés sur sa mélancolie.

PROSPERO. Et le bateau du roi, qu'en as-tu fait?
Et l'équipage, tout le restant de la flotte?

ARIEL. La nef royale est sauve au havre, en l'anse,
D'où tu m'as déjà tiré une nuit
Pour cueillir la rosée des îles Bermudes,
Elle est cachée là; quant aux mariniers,
Joignant mes sortilèges à leur fatigue,
Je les ai laissé dormir dans la cale.
Enfin le restant de la flotte royale
Que j'avais dispersée, s'est réuni
Et vogue sur la mer Méditerranée
Vers son pays de Naples où chacun croit
Avoir de ses yeux vu périr la nef
Et la personne du roi.

PROSPERO. Ariel, ta tâche
Est accomplie; mais il en reste encore.
Quelle heure est-il?

ARIEL. Il est passé midi.

PROSPERO. D'au moins deux heures. Nous devons
                                        consacrer
Ce qui reste du jour à des choses précieuses.

ARIEL. Encore? Puisqu'on me charge d'autres besognes,
Laisse-moi te rappeler une certaine promesse
Que tu n'as pas encore réalisée.

PROSPERO. Comment, esprit chagrin? Que réclames-tu?

ARIEL. Ma liberté.

PROSPERO. Pas avant la fin!

ARIEL. Maître,
Souviens-toi des précieux services rendus :
Ne t'ai jamais menti, jamais trompé,
T'ai servi sans grogner, sans protester;
Tu m'as promis de retrancher un an
De servitude.

PROSPERO. As-tu donc oublié
De quel tourment je t'ai libéré?

ARIEL. Non.

PROSPERO. Si! Tu penses que c'était beaucoup pour toi
De fouler le limon des fonds salés,
De t'agripper au vent cinglant du nord,
De nettoyer pour moi les veines de la terre
Figés sous la gelée!

ARIEL. Pas du tout, sire.

PROSPERO. Tu mens, esprit malin! T'as oublié
La sorcière Sycorax qui avec l'âge
Et par malice s'est courbée en cerceau?
L'as-tu oubliée?

ARIEL. Non, mon bon maître.

PROSPERO. Si!
Où est-elle née? Parle. Dis-moi.

ARIEL. En Alger.

PROSPERO. Vraiment? Chaque mois je dois donc
te rappeler
Qui tu as été. Cette damnée sorcière
Sycorax, pour espiègleries diverses
Et sorcelleries qui dépassent l'entendement,
Fut bannie d'Alger. Pour une chose qu'elle fit,
On lui laissa la vie. N'est-il pas vrai?

ARIEL. Si.

PROSPERO. Cette taupe aux yeux bleus, grosse de son fils,
Fut jetée sur ces rives par les marins.
Toi, mon esclave, ainsi que tu le dis,
Fus alors son valet. Comme ton esprit
Trop délicat pour suivre ses lois abjectes,
Résista à ses ordres, elle t'a saisi
Dans sa rage qu'on ne pouvait assouvir,
Aidée de ses sorciers les plus puissants,
Te mit au creux d'un arbre au pied fourchu.
Douze ans tu demeuras emprisonné
Dans la crevasse. Entre-temps elle mourut,
Et t'y abandonna, d'où tu geignais
Plus fort que la roue d'un moulin à vent.
Lors en l'île ne vivait, hormis son fils
Qu'elle avait mis bas en ces lieux, personne
De forme humaine.

ARIEL. Oui, son fils Caliban.

PROSPERO. Niais, c'est ce que je dis. Ce Caliban
Que je garde aujourd'hui à mon service.
Tu sais mieux que quiconque en quels tourments
Je t'ai déniché : tes grands gémissements
Faisaient hurler les loups et remuaient le cœur
Des ours. Ton sort reposait sur des liens

Que Sycorax ne pouvait plus délier.
Quand j'arrivai et entendis tes cris,
Par mon art, je fendis le tronc du pin
Et te libérai.

ARIEL. Je t'en rends grâce, maître.

PROSPERO. Si tu geins encore, je fendrai un chêne
Et t'enfoncerai en ses entrailles noueuses
Où tu hurleras durant douze hivers.

ARIEL. Pardon, maître. À tes ordres j'obéirai,
En bon esprit serai à ton service.

PROSPERO. Fais-le ; et dans deux jours je te libère.

ARIEL. Voilà mon bon maître ! Que dois-je faire ? Dis-le !
Que veux-tu de moi ?

PROSPERO. Deviens nymphe des eaux.
N'apparais à personne qu'à moi et toi,
Reste invisible à tous les autres yeux.
Prends la forme de la nymphe puis reviens-moi.
Va, disparais.

Ariel sort.

Réveille-toi, mon enfant !
Tu as bien dormi. Allez, réveille-toi !

MIRANDA. L'étrangeté de votre histoire m'emplit
De somnolence.

PROSPERO. Secoue-la. Et suis-moi.
Nous allons voir Caliban, mon esclave,
Qui jamais ne répond aimablement.

MIRANDA. Un scélérat, seigneur, sur qui je n'aime
Poser les yeux.

PROSPERO. Mais tel quel on ne peut
Se passer de lui. Il attise le feu,
Nous procure du bois et se rend utile
De mille façons. Hé! Caliban! Esclave!
Allez! terre, parle!

CALIBAN, *de l'intérieur.* On a assez de bois.

PROSPERO. Viens là, je dis! D'autres besognes t'attendent.
Viens-t'en, tortue, bouge!

Entre Ariel en nymphe de mer.

Belle apparition!
Ingénieux Ariel, prête-moi ton oreille.

Il lui parle.

ARIEL. Tout sera fait selon tes désirs, maître.

Il sort

PROSPERO. Toi, esclave venimeux, croisement du diable
Et de la femme qui t'a mis bas, viens là!

CALIBAN, *entrant.* Qu'un serein malsain comme jamais
                                        ma mère
De la plume d'un corbeau en balaya
Dans les marais puants tombe sur vous deux.
Le suroît vous fouette et vous gerce la peau!

PROSPERO. Pour ces mots-là ce soir tu vas souffrir
De crampes à la poitrine qui t'étoufferont.
Les hérissons, qui sont actifs la nuit,
S'en prendront à toi; tu seras couvert
D'une gale plus boursouflée qu'une ruche de miel,
Piqûres plus piquantes que celles de l'abeille.

CALIBAN. Je dois aller dîner. Cette île est mienne,
Qui vient de ma mère Sycorax ; c'est toi
Qui me l'as volée. Quand tu vins ici,
Dans les débuts, tu me considérais,
Me caressais, me fournissais en eau
Où se baignaient des petits fruits ; de plus,
Tu m'enseignais le nom de la lumière
Du jour ; et la petite, celle de la nuit.
Je t'aimais alors et te révélai
Les attributs de l'île : sources d'eau vive,
Puits d'eau salée, lieux arides ou fertiles.
Que je sois maudit de t'avoir instruit !
J'appelle les mauvais sorts de Sycorax
Sur toi : crapauds, scarabées, chauves-souris !
Car tous tes sujets se résument à moi,
Qui fus à l'origine mon propre roi.
Voilà que tu me parques en ce rocher
En gardant pour toi le meilleur de l'île.

PROSPERO. Esclave menteur que ne peut émouvoir
Que le bâton et non la gentillesse !
Affreux souillon, tout fumier que tu sois,
J'ai usé envers toi d'humanité :
Je t'ai logé en ma propre cellule
Jusqu'au jour, misérable, où tu voulus
Attenter à l'honneur de mon enfant.

CALIBAN. Si fait, si fait ! Oh ! là, si j'avais pu !
Tu m'as empêché de peupler cette île
De jeunes Caliban.

MIRANDA. Esclave abhorré,
Dont l'âme est réfractaire à toute empreinte
De la bonté, j'ai eu pitié de toi,
Me suis astreinte à t'apprendre à parler,
À t'enseigner quelque chose à chaque heure.
Quand tu ne savais rien de toi, sauvage,

29

Et bredouillais des mots sans aucun sens,
J'ai ajusté ta langue à tes idées
Pour qu'on comprenne. Mais ta nature abjecte,
Quoique tu aies appris, restait fermée
À toute élévation vers le sublime.
Voilà pourquoi tu fus à juste titre,
Toi qui méritais plus que la prison,
Réduit à vivre au creux de ce rocher.

CALIBAN. Tu m'as appris les mots que j'utilise
Pour blasphémer. Que la peste te ronge
Pour m'avoir enseigné ta langue !

PROSPERO. Ordure,
Va-t'en ! File et va nous quérir du bois.
Sois prompt à ton affaire. Tu me tiens tête ?
À ta moindre résistance à mes ordres,
Je soumettrai ton corps à la colique ;
Et tes os de douleur crieront si fort
Que les animaux trembleront de peur.

CALIBAN. Non, seigneur, de grâce ! *(À part :)* Je dois obéir.
Son art est d'un pouvoir si grand que même
Sétébos, le dieu de ma mère, n'est plus
Que son vassal.

PROSPERO. Alors, valet, va-t'en !

Caliban sort. Entrent Ferdinand et Ariel, invisible, qui chante et joue.

ARIEL, *chantant.*
      Venez sur ces sables d'or,
          La tête au nord ;
      Saluer d'un baiser les ondes
          Grises et profondes.
      Mettez vos pas dans leurs traces,
      Ô farfadets de l'espace.

Écoutez !
(*Au loin, refrain*) Ho-ho !
Les chiens s'affairent.
(*Au loin, refrain*) Ho-ho !
J'entends le chant de Chanteclerc
Qui se rengorge, cocorico !

FERDINAND. D'où vient la musique ? D'en haut ou
d'en bas ?
Je ne l'entends plus. Seraient-ce là des sons
En hommage à quelque dieu de cette île ?
Assis sur la rive et pleurant encore
Le naufrage du roi mon père, j'ai vu
Ces airs sortis des eaux grimper vers moi,
Apaisant leur furie et mon chagrin
De leur mélodie. Et je l'ai suivie,
Où plutôt me laissai traîner par elle.
Mais je n'entends plus rien. Si, je l'entends.

ARIEL, *chantant.*
Sous six brasses ton père repose ;
Ses os changés en corail ;
Ses prunelles en perles roses ;
En promontoire son poitrail.
Tout son corps est transformé
En extraordinaire beauté.
Des nymphes aux heures sonnent le tocsin,
(*Au loin, refrain*) Ding-dong !
Écoute ! je les entends, ding-dong !
Au loin.

FERDINAND. Ce chant me rappelle en effet mon père
Noyé. Ceci ne vient pas de la terre.
Je l'entends qui descend d'en haut.

PROSPERO. Ma fille,
Ouvre tes cils qui filtrent la lumière
Et dis-moi ce que devant toi tu vois.

MIRANDA. Qu'est-ce ? un esprit ? Comme il regarde
                                        autour !
Croyez-moi, seigneur, il a grande allure.
Mais c'est un esprit.

PROSPERO. Non, petite, il mange,
Dort et possède autant de sens que nous.
Ce vaillant que tu vois fut du naufrage.
Mais si ce n'était de son air chagrin
Qui blesse sa beauté, tu pourrais dire
Qu'il est de grande qualité. Les siens
Sont disparus. Il est à leur recherche.

MIRANDA. Il est divin. Car rien de naturel
Ne serait aussi noble.

PROSPERO. Tout se déroule,
Je vois, tel que mon plan l'avait prévu.
Esprit, mon bel esprit, pour cet exploit,
D'ici deux jours tu seras libre.

FERDINAND. Vous êtes
Bien la déesse à qui ces chants s'adressent ?
Entendez ma prière pour que je sache
Si cette île est la vôtre et que j'apprenne
Sur vos instructions à m'y bien conduire.
Ô vous, merveille, à ma première demande
Que je pose en dernier, veuillez répondre :
Êtes-vous pucelle ou non ?

MIRANDA. Non point merveille,
Mais suis bien pucelle.

FERDINAND. Elle parle en ma langue !
Si je me trouvais où elle est parlée,
Je serais premier de ceux qui la parlent.

PROSPERO. Comment ! premier ? Oh ! si le roi de Naples
T'entendait !

FERDINAND. Il m'entend. Voilà pourquoi
Je pleure. Car je suis lors le roi de Naples,
Depuis que mes yeux en pleurant ont vu
Le naufrage du roi mon père.

MIRANDA. Hélas !

FERDINAND. Eh oui, accompagné de sa noblesse,
Du duc de Milan et de son bon fils.

PROSPERO, *à part.* Le duc de Milan et sa propre fille
Pourraient te défier s'ils le désiraient.
Au premier coup d'œil, leurs yeux ont parlé.
Cher Ariel, pour ceci tu seras libre.
– Un mot, monsieur : je crains que vous n'ayez
Outrepassé vos droits ; un mot.

MIRANDA. Pourquoi
Mon père a-t-il pour lui des mots si durs ?
Le troisième homme à paraître à mes yeux,
Mais le premier pour lequel je soupire.
Que la compassion fasse pencher mon père
Du côté que je penche.

FERDINAND. Si vous êtes vierge,
Et libre de vos sentiments, soyez
Reine de Naples.

PROSPERO. Tout doux, monsieur ! Un mot.
(À part :) Ils sont épris tous deux. Je dois pourtant
Sur ce droit chemin dresser des embûches

Pour qu'un triomphe trop léger ne rende
Léger le trophée. *(À Ferdinand :)* Un mot avec toi !
Je te réduis à me servir. Tu as
Usurpé un nom qui n'est pas le tien,
Venu en cette île en espion afin
De m'en déposséder, moi son seigneur.

FERDINAND. Non, je vous le jure, en tant qu'honnête
                                                    homme !

MIRANDA. Aucun mal ne pourrait loger en temple
Aussi parfait. Si le diable habitait
Logis si beau, le bon l'y rejoindrait.

PROSPERO. Suis-moi. *(À Miranda :)* Ne le défends pas ;
                                        c'est un traître.
(À Ferdinand :) Viens ! je t'enchaînerai au cou et aux pieds ;
Pour boire, ce sera l'eau de mer ; pour nourriture,
Des crevettes de ruisseaux et des racines,
Et la cosse où le gland se berce. Viens !

FERDINAND. Non !
Je résisterai à un traitement pareil
Jusqu'au moment de rencontrer plus fort.

Il dégaine mais reste figé sous le charme.

MIRANDA. Bien-aimé père, ne soyez point trop dur,
Car il est brave et de noble naissance.

PROSPERO. Comment ! je serais commandé par toi ?
(À Ferdinand :) Arme au poing, félon, qui crânes et
                                        pourtant
N'oses attaquer, tant ta conscience est sombre !
En position ! Avec mon seul bâton
Je peux te désarmer.

MIRANDA. Je vous implore,
Ô père!

PROSPERO. Ah! ne t'accroche point à mes hardes!

MIRANDA. Seigneur, par pitié. Je réponds de lui.

PROSPERO. Silence! Un mot de plus me forcera
À te gronder, sinon te haïr. Quoi!
Tu te fais l'avocat d'un imposteur?
Tu te figures qu'il n'existe personne
De mieux fait que lui, n'ayant de ta vie
Rien vu d'autre que Caliban. Idiote!
Pour la plupart des hommes, c'est Caliban,
Et ceux-là pour lui sont des anges.

MIRANDA. Mon cœur
Se fera humble et n'aura d'ambition
Que de voir celui-là.

PROSPERO, *à Ferdinand.* Viens, obéis!
Tes muscles sans vigueur sont devenus
Ceux d'un enfant.

FERDINAND. Hélas! c'est bien trop vrai.
Mon esprit comme en rêve est ligoté.
La perte de mon père, ma léthargie,
Le naufrage en mer de tous mes amis,
Et jusqu'aux menaces de cet étranger
À qui je suis soumis, tout m'est léger
Si de ma prison je peux contempler
Chaque jour cette beauté. La liberté
Peut habiter les quatre coins du monde.
Pour moi cette prison est ample espace.

PROSPERO, *à part.* Ça marche! *(À Ferdinand :)* Viens, toi.
(À Ariel :) Un franc succès, Ariel. *(À Ferdinand :)* Suis-moi.
(À Ariel :) Songe à ce qu'il te reste à faire.

MIRANDA. Consolez-vous, monsieur. Mon père est autre
Que le montre son discours. Tout ceci,
Je vous jure, est des plus inhabituels.

PROSPERO, *à Ariel.* Tu seras aussi libre que le vent;
Mais à la condition de m'obéir.

ARIEL. À la lettre.

PROSPERO, *à Ferdinand.* Viens. *(À Miranda :)* Ne prends
pas sa défense.

Ils sortent.

ACTE II

SCÈNE I

En un autre endroit de l'île.
Entrent Alonso, Sebastian, Antonio, Gonzalo, Adrian,
Francisco et autres.

GONZALO. Je vous en prie, Seigneur, rejouissez-vous;
Vous et nous tous avons motif de joie.
Car notre salut neutralise nos pertes.
Notre peine est courante; presque chaque jour
La femme d'un marin, un capitaine
De la marine marchande et le marchand
Ont autant que nous motif de chagrin.
Quant au miracle, en somme notre salut,
Peu, sur des millions, ont eu notre chance.
Donc, mon bon Seigneur, pesez le malheur
À l'aune du résultat.

ALONSO. Je vous en prie.

SEBASTIAN, *à part à Antonio.* Le ciel s'étant tu, il prie son
ministre.

ANTONIO, *à part à Sebastian.* Mais un ministre qui ne le
lâchera pas.

SEBASTIAN. Il est en train de remonter l'horloge
De son esprit; bientôt elle sonnera l'heure.

GONZALO. Sire...

SEBASTIAN, *à part.* Premier coup. Comptez-les.

GONZALO. Le malheur que l'on nourrit, monseigneur,
Finit par donner à qui l'entretient...

SEBASTIAN. Un dollar.

GONZALO. La douleur, en effet, s'acharne sur lui.
Vous avez dit plus vrai que vous ne pensiez.

SEBASTIAN. Vous-même avez saisi de mon esprit
Plus que je ne pensais.

GONZALO. Donc, monseigneur...

ANTONIO. Fi ! quel dépensier est-il de sa langue !

ALONSO. De grâce, épargnez-nous.

GONZALO. J'ai terminé.
Cependant, seigneur...

SEBASTIAN. Il va continuer.

ANTONIO. Parions : lequel, de lui ou d'Adrian,
Fera le premier le cocorico ?

SEBASTIAN. Le vieux coq.

ANTONIO. Le coquelet.

SEBASTIAN. Tope là. Le gage ?

ANTONIO. Qui gagne rit le dernier.

SEBASTIAN. Entrons en lice !

ADRIAN. Quoique cette île ait l'air inhabitée...

ANTONIO. Ha, ha, ha !

SEBASTIAN. Vous voilà donc payé.

ADRIAN. ... inhabitable et presque inaccessible...

SEBASTIAN. Pourtant...

ADRIAN. Pourtant...

ANTONIO. Il fallait s'y attendre.

ADRIAN. Elle pourrait s'avérer subtile et tendre,
De température emplie de clémence.

ANTONIO. Clémence était cette putain très tendre.

SEBASTIAN. Et subtile ainsi qu'il l'a dit si bien.

ADRIAN. L'air ici respire avec telle douceur.

SEBASTIAN. Comme si l'air avait des poumons. Pourris.

ANTONIO. Comme s'il avait le parfum d'un marais.

GONZALO. Tout ici est à l'usage de la vie.

ANTONIO. En effet ; hormis les moyens de vivre.

SEBASTIAN. De ça il n'y a rien, ou vraiment peu.

GONZALO. Comme l'herbe est appétissante, abondante !
Et verte !

ANTONIO. Le sol est bien de couleur fauve.

SEBASTIAN. Picoté de vert.

ANTONIO. Rien ne lui échappe.

SEBASTIAN. Non ; il ne confond que la vérité.

GONZALO. Mais le plus rare – qui dépasse
                            l'entendement –

SEBASTIAN. Comme tout ce qui est rare.

GONZALO. Nos vêtements,
Abreuvés d'eau salée, ont non seulement
Conservé leur beau lustre et leur fraîcheur,
Mais de la mer sont sortis teints à neuf.

ANTONIO. Si une seule de ses poches pouvait parler,
Ne dirait-elle pas qu'il ment?

SEBASTIAN. En effet,
Hormis que, menteuse elle-même, elle n'empoche
Son mensonge.

GONZALO. M'est avis que nos habits
Sont aujourd'hui neufs comme au premier jour
En Afrique au mariage de Claribel,
Fille de notre roi, au roi de Tunis.

SEBASTIAN. Un excellent mariage qui préparait
Un tel retour.

ADRIAN. Jamais jusque-là Tunis ne reçut
Un tel parangon pour sa reine, jamais.

GONZALO. Pas depuis le temps de la veuve Didon.

ANTONIO. La veuve? Peste soit! D'où vient le mot
veuve?

SEBASTIAN. Il aurait bien pu dire Énée le veuf!
Et puis après? Comme tu le prends, grand Dieu!

ADRIAN. Vous avez dit Didon la veuve? Monsieur,
Vous m'obligez à rectifier : Didon
Fut de Carthage et non pas de Tunis.

GONZALO. Ce Tunis, monsieur, se nommait Carthage.

ADRIAN. Carthage?

GONZALO. Je vous assure, monsieur, Carthage.

ANTONIO. Son mot dépasse la harpe miraculeuse
Qui a redressé les murs de Carthage.

SEBASTIAN. Eh oui, il redresse aussi les maisons.

ANTONIO. Quel autre prodige nous réserve-t-il ?

SEBASTIAN. M'est avis qu'il pourrait empocher l'île
Pour l'offrir à son fils comme une jeune pomme.

ANTONIO. Puis, en en semant les pépins en mer,
En ferait surgir d'autres îles.

GONZALO. Si fait !

ANTONIO. Enfin !

GONZALO, *à Alonso.* Seigneur, nous discutions de
                                              nos habits
Aussi neufs qu'à Tunis lors du mariage
De votre fille, depuis devenue reine.

ANTONIO. Le parangon des reines.

SEBASTIAN. Hormis, pardon,
La veuve Didon.

ANTONIO. Bien sûr, Didon, la veuve !

GONZALO. Sire, est-ce que mon pourpoint n'est aussi frais
Qu'au premier jour que l'ai revêtu ?
Enfin, manière de dire.

ANTONIO. Cette manière
Est fort bien amenée.

GONZALO. Quand je l'ai porté
Aux noces de votre fille.

ALONSO. Vous me gavez
De plus de mots que mon pauvre estomac
N'en peut digérer. Je voudrais n'avoir
Jamais marié ma fille là-bas ! Mon fils
A péri au retour de ce voyage.
Et pour ainsi dire, de même ma fille,
Retenue si loin de notre Italie,
Est pour moi perdue. Ô mon héritier
De Naples et de Milan, de quel poisson,
Étrange poisson as-tu été le mets ?

FRANCISCO. Il est peut-être encore en vie, seigneur.
Je l'ai vu comme un sourd battre la houle
Et chevaucher les lames. Il combattait
L'hostilité de l'eau, fendant la mer
Qui s'enflait devant lui. Il conservait
La tête au-dessus de l'eau querelleuse
Et ramait de ses bras son propre corps
Jusqu'au rivage à la base érodée
Par l'eau qui se penchait pour le saluer.
Je ne saurais douter qu'il est vivant.

ALONSO. Non, il est disparu.

SEBASTIAN, *à Alonso*. Sire, vous pouvez
Vous féliciter pour cette perte énorme,
Vous qui n'avez point gardé en Europe
Votre fille offerte à un Africain,
Où elle est au moins à l'abri des yeux
Qui ont aujourd'hui matière à pleurer.

ALONSO. Paix, je vous prie.

SEBASTIAN. Nous vous avons prié
Et harcelé ; même entre son dégoût
Et l'obéissance, votre propre fille
A tergiversé. Nous avons perdu

Votre fils, je crains, à jamais. Milan
Et Naples ont à la suite de cet exploit
Plus de veuves que nous ne leur rendons
De vaillants hommes pour les consoler.
La faute est vôtre.

ALONSO. De même est mienne la perte.

GONZALO. Milord Sebastian, vos mots éloquents
Manquent de gentillesse et d'à-propos.
Vous grattez au lieu de panser la plaie.

SEBASTIAN. Très bien.

ANTONIO. Tout à fait comme un chirurgien.

GONZALO, *à Alonso.* Quand vous êtes nuageux, seigneur,
nous tous
Sommes remplis d'intempéries.

SEBASTIAN, *à part à Antonio.* Remplis?

ANTONIO, *à part à Sebastian.* D'intempéries!

GONZALO. Si j'étais, monseigneur,
Colon en cette île...

ANTONIO. Il y planterait
Des orties.

SEBASTIAN. Des patiences, de la guimauve.

GONZALO. Et si j'en étais le roi, que ferais-je?

SEBASTIAN. Faute de vin, vous ne pourriez vous soûler.

GONZALO. Dans mon État, j'agirais autrement
Que partout ailleurs. Car j'en bannirais
Tout genre de commerce; tous les magistrats;
J'abolirais la connaissance des lettres;

Plus de richesse ou de pauvreté, rien ;
Même plus de serviteurs ; aucun contrat,
Aucun héritage, droit de succession,
Frontière ou possession de terres, de vignes,
Plus rien de tout cela ; banni l'usage
Des métaux, des céréales, du vin, de l'huile ;
Plus de travail ; loisirs pour tous les hommes ;
Ainsi que pour les femmes, mais innocentes ;
Dans mon pays, plus de souveraineté.

SEBASTIAN. Pourtant de ce pays il serait roi.

ANTONIO. La conclusion en oublie les prémisses.

GONZALO. La nature offrirait de tout à tous,
Sans aucun effort, sans sueur sur le front.
Trahison, félonie, lance ou épée,
Couteau, arme à feu : je n'admettrais rien.
Seule la nature avec abondance
Comblerait de biens mon peuple innocent.

SEBASTIAN. Rien, aucun mariage entre ses sujets ?

ANTONIO. Aucun, compère, aucun, tous inactifs :
Putains, coquins et maquereaux, tous oisifs.

GONZALO. Je gouvernerais, sire, de telle façon
À surpasser l'âge d'or de l'univers.

SEBASTIAN, *haut.* Dieu sauve Sa Majesté !

ANTONIO. Vive Gonzalo !

GONZALO. Et de plus... Vous me suivez, monseigneur ?

ALONSO. Suffit, de grâce. Assez de bavardage.

GONZALO. Votre Altesse a raison ; mon bavardage
N'avait pour but que d'offrir à ces hommes

Une occasion d'exercer des poumons
Si sensibles et fragiles qu'ils ont besoin
De rire à tout propos et rire de rien.

ANTONIO. Nous rions de vous.

GONZALO. Qui pour vous ne suis rien.
Vous pouvez ainsi continuer à rire
De rien en riant de moi.

ANTONIO. Quel coup il donne!

SEBASTIAN. S'il n'était tombé à plat de l'épée.

GONZALO. Vous êtes, messieurs, de courage audacieux,
De force à détacher du ciel la lune
Si elle osait y rester cinq semaines.

Entre Ariel, invisible, jouant une musique solennelle.

SEBASTIAN. Ainsi ferions-nous, puis avec la lune
Chasserions au fanal les chauves-souris.

ANTONIO. Hé! mon bon monsieur, ne vous fâchez point.

GONZALO. Nenni, je vous préviens : je ne vais point
Livrer mon honneur et mon bon jugement
En pâture à votre médiocre esprit.
Consentez-vous à m'endormir de rire?
Car j'ai sommeil.

ANTONIO. Dormez puis écoutez.

Tous s'endorment sauf Alonso, Sebastian et Antonio.

ALONSO. Comment, si vite tombés dans le sommeil?
Si comme eux mes yeux pouvaient engourdir
Mes pensées! Je sens qu'ils en ont envie.

SEBASTIAN. Ne leur résistez pas, de grâce, Altesse.
Le sommeil si peu souvent ne visite
Un esprit chagriné ; s'il s'y résout,
Laissez-le vous réconforter.

ANTONIO. Messire, veillerons sur votre personne,
Et serons garants de votre repos.

ALONSO. Merci à vous. Quel singulier sommeil !

Alonso s'endort. Ariel s'en va.

SEBASTIAN. Quelle étrange somnolence les possède !

ANTONIO. Le climat du pays en est la cause.

SEBASTIAN. En ce cas, pourquoi nos propres paupières
Ne se ferment pas ? Je n'ai point sommeil.

ANTONIO. Moi non plus ; mes esprits sont des plus lestes.
Ils sont tombés, en un commun accord,
Frappés d'un semblable éclair de tonnerre.
Dis-moi, ô brave Sebastian... dis-moi ?...
Ne dis rien d'autre ! Et pourtant je crois voir
Sur ta figure le sort qui te revient.
L'occasion te parle, et je te dirai
Que par mon imagination je vois
Se poser sur ta tête une couronne.

SEBASTIAN. Comment dis-tu ? Es-tu bien éveillé ?

ANTONIO. Ne m'entends-tu pas qui te parle ?

SEBASTIAN. J'entends,
Et me dis que ta langue est endormie.
Tu marmonnes des mots en ton sommeil.
Au juste, qu'as-tu dit ? Étrange repos
Que de dormir les yeux tout grands ouverts ;

Debout, parlant, bougeant, et cependant,
Si profondément endormi.

ANTONIO. Tu laisses,
Noble Sebastian, dormir ta fortune,
Tu la laisses mourir; tu fermes les yeux,
Même éveillé.

SEBASTIAN. Tes ronflements sont clairs
Et pleins de signification.

ANTONIO. Je suis
Plus sérieux que jamais je ne le fus.
Sois-le aussi, et suis bien mes conseils
Qui pourraient tripler ta fortune.

SEBASTIAN. J'attends
En eau tranquille.

ANTONIO. Je t'enseigne à flotter.

SEBASTIAN. Fais-le. Car mon hérédité me pousse
À la paresse.

ANTONIO. Reconnaissez à quel point ce projet
Dont vous semblez vous moquer vous séduit;
Comme le dépouillant, vous vous en couvrez!
Souvent les vieillards au bout de la course
Par peur ou lassitude agissent ainsi.

SEBASTIAN. Continue. Tes yeux et tes joues me disent
La gravité des propos qu'il te coûte
Tellement d'accoucher.

ANTONIO. Ainsi ce pauvre homme de faible mémoire
Qu'on oubliera sitôt après sa mort,
Dont la première fonction est de convaincre,
A réussi à persuader le roi
Que son fils n'est pas mort. Qu'il soit vivant

Est aussi impossible que celui-ci
Qui dort soit en train de nager.

SEBASTIAN. Je n'ai
Aucun espoir qu'il ne soit point noyé.

ANTONIO. Point d'espoir pour lui, quel espoir pour vous !
La fin de son rêve accorde à un autre
Le droit de rêver plus grande ambition.
Admettez-vous la mort de Ferdinand ?

SEBASTIAN. Ferdinand n'est plus.

ANTONIO. En ce cas, dites-moi
Qui est le prochain héritier de Naples.

SEBASTIAN. Sa sœur Claribel.

ANTONIO. Reine de Tunis ;
Celle-là qui habite à plus de dix lieues
Au-delà de la vie ; celle-là qui ne peut
Recevoir de Naples aucune nouvelle –
À moins que le soleil soit postillon,
Car l'homme de la lune est bien trop lent –
Aucune nouvelle avant que ne pousse
La barbe au menton d'un bébé naissant ;
Celle-là pour qui nous fûmes naufragés,
Quoique certains, rejetés sur la rive,
Sont destinés à jouer le prochain acte
D'un drame dont nous n'avons connu encore
Que le prologue.

SEBASTIAN. Qu'est ceci ? Que dis-tu ?
La fille de mon frère est reine à Tunis
En même temps qu'elle est héritière de Naples ;
C'est vrai qu'entre les deux régions s'étend
Un vaste espace.

ANTONIO. Un espace si grand
Qu'on l'entend crier : « Comment Claribel
Pourra-t-elle un jour revenir à Naples ?
Qu'elle demeure à Tunis et laisse à Naples
Sebastian ! » Quand la mort les aurait pris,
Leur condition ne serait différente.
Il est quelqu'un qui pourrait gouverner
Naples aussi bien que celui-ci qui dort.
La noblesse est bavarde et peut jaser
Avec même ampleur et même verbiage
Que ce Gonzalo ; je saurais moi-même
Enseigner au corbeau autant de mots.
Oh ! si vous pouviez suivre ma pensée !
Quel gain vous tireriez de ce sommeil !
Me comprenez-vous ?

SEBASTIAN. Oui, je crois comprendre.

ANTONIO. Et de quel œil voyez-vous votre sort ?

SEBASTIAN. Je me souviens qu'un jour tu as toi-même
Détrôné Prospero, ton frère.

ANTONIO. C'est juste.
Voyez comment je me suis remplumé ;
Les valets de mon frère étaient alors
Mes compagnons ; voilà qu'ils sont mes hommes.

SEBASTIAN. Mais ta conscience...

ANTONIO. Quoi ! où loge celle-là ?
Une gerçure au talon, mon bon seigneur,
M'empêcherait d'enfiler ma pantoufle ;
Je ne sens rien de tel en ma poitrine.
Je réduirais à rien les vingt consciences
Qui se tiendraient entre moi et Milan.
Ici repose un frère qui ne vaudrait
Mieux que le sol sur lequel il repose –

S'il était le mort auquel il ressemble –
Et que je pouvais du bout de ce fer.
Envoyer dormir pour toujours ; pendant
Ce temps, vous en feriez autant de lui.
(Il indique Gonzalo.)
Ce restant royal, ce monsieur Prudence
Qui ne pourrait plus rien nous reprocher.
Quant à tous les autres, tels des chats qui lapent
Le lait, ils boiront nos explications,
Et diront oui à nos propositions.

SEBASTIAN. Ton cas, l'ami, sera mon précédent.
Comme tu as eu Milan, j'obtiendrai Naples.
Dégaine. Un seul coup d'épée et voilà
Que tu es libéré de ton tribut.
Et moi le roi, je serai ton ami.

ANTONIO. Dégainons ensemble ; et à l'instant même
Où ma main se dressera, qu'ainsi la vôtre
Tombe sur Gonzalo.

Ils dégainent.

SEBASTIAN. Encore un mot.

Ils parlent à part. Entre Ariel, invisible, jouant et chantant.

ARIEL, *au public.* Mon maître par son art voit le danger
Où toi, son ami, te trouves et m'envoie
– Sans quoi meurt son projet – pour les sauver.

Il chante à l'oreille de Gonzalo.

> Pendant qu'ici tu ronfles,
> Conspiration se gonfle
> > Tout près de toi.
> Donc pour ta survivance,

Secoue ta somnolence.
Réveille-toi !

ANTONIO. Soyons donc rapides.

GONZALO, *qui se réveille.* Ô mes anges gardiens,
Sauvez le roi !

Les autres se réveillent.

ALONSO. Comment ! qu'y a-t-il ? Hé ! réveillez-vous !
Pourquoi cette épée ? Pourquoi ce regard
Épouvanté ?

GONZALO. Que s'est-il donc passé ?

SEBASTIAN. Pendant que nous veillions ici sur vous,
Nous avons entendu des bruits étranges,
Hurlements de bufles... plutôt de lions. Vous
N'avez rien entendu ? Des sons terribles
Ont frappé mes oreilles.

ALONSO. Rien entendu.

ANTONIO. Oh ! un vacarme à effrayer un monstre,
À susciter un tremblement de terre !
Oui, le hurlement d'un troupeau de lions.

ALONSO. Avez-vous, Gonzalo, entendu ça ?

GONZALO. Sur mon honneur, sire, je n'ai entendu
Qu'un doux murmure et qui m'a réveillé.
Je vous ai sitôt secoué et crié.
En ouvrant les yeux, j'ai vu leurs épées.
Il y eut des bruits, restons sur nos gardes
Ou quittons ces lieux. Puis tirons l'épée.

ALONSO. Guidez-nous hors d'ici, à la recherche
De mon pauvre fils.

GONZALO. Que Dieu le protège
Des fauves. Votre fils erre sûrement dans l'île.

ALONSO. Conduisez-nous.

ARIEL. Mon maître Prospero
Saura de moi ce que j'ai fait céans.
Va à la quête, ô roi, de Ferdinand.

Ailleurs dans l'île.

Entre Caliban avec une charge de bois.
On entend le bruit du tonnerre.

CALIBAN. Que toute infection que le soleil suce
Des marais, des bas-fonds, des pays plats
Accable Prospero et pouce par pouce
L'enduise d'urticaire ! Ses esprits m'entendent,
Mais je ne peux m'empêcher de maudire.
Ils ne pourront ni me pincer, ni plus
M'effrayer au spectacle des lutins,
Ni me jeter dans les bourbiers, pas même
Me mener, comme un feu follet, au loin
Dans la noirceur, si lui ne le décide.
Pour la moindre vétille, il les envoie
Grimacer comme des singes, me quereller,
Me mordre ; enfin, changés en hérissons,
Ils se déroulent sur mon chemin devant
Mes pieds nus et se dressent pour me piquer.
Parfois même entrelacé de vipères,
J'entends leur sifflement qui me chavire.

Entre Trinculo.

Attention, attention, en voici un !
L'un de ses esprits venus m'agacer
Pour n'avoir point rentré le bois plus tôt.
Je fais le mort. Il pourrait décider
De passer tout droit.

Il se couche.

TRINCULO. Il n'y a ici ni buisson ni broussaille pour nous protéger du climat ; et pourtant il se brasse une autre tempête, je l'entends chanter dans le vent. Toujours au loin le même nuage noir, là-bas encore plus gros, qui ressemble à un grand bock de cuir qui va bientôt verser son jus. S'il doit tonner comme tout à l'heure, je ne sais plus où m'enfouir la tête. Le même gros nuage là-bas ne peut pas faire autrement que d'éclater et l'eau tomber à seaux. Qu'avons-nous là ? Un homme ou un poisson ? Mort ou vif ? Un poisson ! Il pue comme un poisson ; une très ancienne odeur de poisson ; une sorte de plus très jeune merluche. Un bizarre de poisson ! Si j'étais en ce moment en Angleterre, comme je le fus jadis, et avais ce poisson en effigie sur ma boutique, pas un fou de vagabond qui ne paierait pour le voir. Ce monstre là-bas ferait la fortune d'un homme. N'importe quel animal étrange là-bas fait son homme. On ne donnerait pas un sou pour soulager un mendiant infirme, mais on en donnerait dix pour voir de ses yeux le cadavre d'un Indien. Il a des jambes comme un homme ! Et des ouïes semblables à des bras ! Chaud, par ma foi ! Je laisse maintenant sortir ma pensée, ne la retiens plus. Ceci n'est pas un poisson, mais un insulaire frappé récemment par la foudre. *(Tonnerre.)* Que diable ! la tempête recommence ! Ma seule chance est de me faufiler en dessous de cette bâche ; je ne vois aucun autre abri autour. La misère réduit l'homme à d'étranges compagnons de lit. Je m'ensevelis ici jusqu'à ce que la tempête ait fini de cracher.

Il se glisse sous la bâche de Caliban.

Entre Stephano en chantant, une bouteille à la main.

STEPHANO. Je n'irai plus au large du large ;
    Vais mourir au rivage.

Voilà un air des plus canailles pour chanter à des funérailles. Eh bien, j'ai là de quoi me réconforter.

Il boit.

> Le capitaine, le maître d'équipage et moi,
>   Le canonnier, le matelot,
> Aimions tous Mall, Meg, Marie et Théodora,
>   Mais nul ne voulait de Margot;
>   Car elle avait la langue fourchue
>   Qui criait au marin : «Pendu!»
> Elle n'aimait le goût du goudron ni de la poix,
> Mais on pouvait lui chatouiller son quant-à-soi.
>   En mer, les gars, qu'elle soit pendue!

Ceci aussi est une chanson canaille; mais voici mon réconfort.

Il boit.

CALIBAN. Ne me torturez pas! Oh!

STEPHANO. Que se passe-t-il? Les diables sont-ils ici? Vous cherchez à nous leurrer avec des sauvages et des Indiens, c'est ça? Je n'ai pas échappé à la noyade pour trembler devant vos quatre pattes. Car il est écrit : «Un homme qui va sur ses quatre pattes ne cédera pas un pouce de terrain»; et cela sera dit aussi longtemps que Stephano respirera par les narines.

CALIBAN. Les esprits s'acharnent à me torturer! Oh!

STEPHANO. Voici un quelconque monstre de l'île, à quatre jambes, atteint de graves frissons. Mais où diable a-t-il appris notre langue? Pour cette raison je m'en vais le soulager. Si je réussis à le guérir et le domestiquer, je l'emmène à Naples où il me sera un présent digne du meilleur empereur qui jamais n'a foulé le sol sur semelles en cuir de vache.

CALIBAN. Ne me torturez pas, de grâce ; je rentrerai le bois plus rapidement.

STEPHANO. Le voilà pris de délire et ses discours sont déments. Je vais le faire boire à ma gourde. S'il n'a jamais encore goûté au vin, il va sortir d'un seul coup de son délire. Si je peux le guérir et le dompter, aucun prix ne sera trop haut pour lui. Qui le prendra le paiera, et comptant.

CALIBAN. Tu ne m'as encore fait que peu de mal ; mais je ne perds rien pour attendre. Je le sais à ton tremblement. C'est Prospero qui te travaille.

STEPHANO. Viens, ouvre la bouche ; voici de quoi te faire parler, matou. Ouvre la gueule. J'ai là de quoi secouer tes tremblements, je t'assure, et solidement. *(Il fait boire Caliban.)* On ne connaît point ses amis. Ouvre grandes les mâchoires.

TRINCULO. Il me semble reconnaître cette voix. C'est sûrement – mais il est noyé ; et ceux-ci sont des démons. Oh ! à moi !

STEPHANO. Quatre jambes et deux voix – un monstre des plus précieux ! Avec sa voix d'en avant il parle bien de son ami ; mais avec sa voix de derrière, il tient des discours infâmes et détracteurs. Même si tout le vin de ma gourde doit y passer, je le guérirai. Viens ! *(Il le fait boire.)* Amen ! Et maintenant, je donne à boire à ton autre bouche.

TRINCULO. Stephano !

STEPHANO. Est-ce ton autre bouche qui m'appelle ? Pitié ! pitié ! Ceci est un diable et non un monstre. Je le quitte.

Je ne possède point cuillère assez longue pour souper avec le diable.

TRINCULO. Stephano! Si tu es Stephano, touche-moi et parle-moi; car je suis Trinculo – n'aie pas peur –, ton bon ami Trinculo.

STEPHANO. Si tu es Trinculo, approche. Je te tire par tes jambes d'en arrière. S'il doit y avoir jambes de Trinculo, ce sont celles-là. *(Il le retire de la bâche de Caliban.)* Tu es en effet un authentique Trinculo! Comment es-tu devenu le fondement de cette monstruosité? Le monstre peut-il évacuer des Trinculos?

TRINCULO. Je pense qu'il fut tué par la foudre. Mais n'es-tu point noyé, Stephano? J'espère bien que tu n'es pas noyé. La tempête est-elle terminée? Je me suis abrité contre la tempête sous la bâche du monstre. Es-tu vraiment vivant, Stephano? Ô Stephano, deux Napolitains sont saufs!

STEPHANO. Je t'en prie, ne me secoue pas trop, mon estomac est encore fragile.

CALIBAN, *à part.* S'ils ne sont pas des esprits, ceux-ci sont de qualité. Voilà un dieu de classe qui offre des élixirs célestes. Je m'agenouillerai à ses pieds.

STEPHANO. Comment as-tu fait pour t'échapper? Comment t'es-tu rendu jusqu'ici? Jure sur cette gourde et dis-moi comment tu es venu ici. J'ai été moi-même rescapé par un tonneau de vin que les matelots ont jeté par-dessus bord... puis par cette gourde que j'ai fabriquée de mes propres mains avec l'écorce d'un arbre, depuis que j'ai mis pied à terre.

CALIBAN. Je jure sur cette gourde d'être ton fidèle sujet, car cette boisson n'est pas de ce monde.

STEPHANO. Ici ! Jure de me dire comment tu as réchappé.

TRINCULO. Nagé jusqu'à la côte, mon homme, comme un canard. Je peux nager comme un canard, je te le jure.

STEPHANO. Tiens, mets tes lèvres sur le livre sacré. *(Il le fait boire.)* Même si tu sais nager comme un canard, tu es plutôt fait comme une oie.

TRINCULO. Oh ! Stephano, en as-tu encore de ça ?

STEPHANO. Un plein tonneau, mon homme. Ma cave est dans un rocher au bord de l'eau, où je cache mon vin. Comment ça va, monstre ? Comment va le délire ?

CALIBAN. N'es-tu pas tombé du ciel ?

STEPHANO. De la lune, parole d'honneur. Il était une fois... j'étais l'homme dans la lune.

CALIBAN. Je t'y ai vu alors, et je t'adore. Ma maîtresse m'a raconté ton histoire avec ton chien et tes copeaux.

STEPHANO. Viens, jure-le ; les lèvres sur le livre. *(Il le fait boire.)* Je continuerai à te le présenter toujours avec du contenu nouveau. Jure.

Caliban boit.

TRINCULO. Par la lumière du soleil, voici un monstre des plus superficiels ! Moi, peur de lui ? Un monstre des plus faibles ! L'homme dans la lune ? Un monstre des plus crédules ! Bois bien, monstre, en toute vérité !

CALIBAN. Je te révélerai chaque pouce de terre arable dans l'île ; et je te baiserai les pieds. Je t'en supplie, sois mon dieu.

TRINCULO. Par la lumière du soleil, un monstre des plus perfides et des plus saouls! Quand son dieu dormira, il lui volera sa gourde.

CALIBAN. Je te baiserai les pieds. Je te jurerai fidélité.

STEPHANO. En ce cas, viens. À genoux et jure!

TRINCULO. Je rirai à mort de ce monstre à tête de chien. Un monstre des plus canailles! J'aurais le goût de le fouetter.

STEPHANO. Viens, baise le livre.

TRINCULO. Et quand il a bu, un monstre des plus abominables!

CALIBAN. Je te ferai voir les meilleurs ruisseaux;
J'irai cueillir pour toi des petits fruits;
Pour toi, je pêcherai; je te fournirai
En bois. Peste soit du maître que je sers!
Je ne lui apporterai plus son bois,
Mais te suivrai, ô homme merveilleux.

TRINCULO. Un monstre des plus ridicules, de faire une merveille d'un pauvre soûlard!

CALIBAN. Je te prie, laisse-moi te conduire où poussent
Les pommettes; et de mes ongles pointus,
Te dénicherai des truffes, te montrerai
Le nid du geai bleu, et je t'instruirai
À capturer le fringant marmouset.
Je te mènerai aux grappes de noisettes,
Et même aux crevettes accrochées aux roches.
Me suivras-tu?

STEPHANO. Ça suffit, sans plus parler, conduis-moi. Trinculo, le roi et tous nos compagnons noyés, nous sommes ici les seuls héritiers. Voilà, charge-toi de ma gourde. Ami Trinculo, petit à petit, nous le soûlerons.

Caliban, saoul, chante.

CALIBAN. Adieu, mon maître ; adieu, adieu !

TRINCULO. Un monstre des plus criards ! Un monstre des plus saouls !

CALIBAN. Plus construire de barrages pour y pêcher,
      Ni de bois à brûler,
      Sur commande,
    Plus laver ni plus gratter les assiettes,
      Tu as un nouveau maître,
      Calibande !
Liberté, o-hé ! O-hé, liberté ! Liberté, o-hé, liberté ! (*Ils sortent.*)

ACTE III

SCÈNE I

À l'entrée de la grotte de Prospero.

Entre Ferdinand en portant une bûche.

FERDINAND. De pénibles actions sont corrigées
Par la joie que nous avons à les faire ;
La bassesse a parfois un noble but.
Ainsi ces tâches vulgaires me seraient lourdes
Et odieuses, si ce n'était de la dame
Que je sers et qui rend vie à la mort.
Elle, qui change en plaisir mon dur labeur,
Est dix fois plus aimable que n'est maussade
Son père, qui est tout en aspérités.
Je dois déplacer des milliers de bûches
Et les empiler sur ses ordres injustes.
Ma douce maîtresse en me voyant sanglote
Et dit que jamais tâche aussi minable
N'a eu pareil exécutant. J'oublie
Mon travail. Mais plus je suis occupé,
Plus les pensées qui accompagnent ma tâche
Allègent son poids.

Entre Miranda ; et Prospero qui se cache.

MIRANDA. Hélas ! je vous prie,
Diminuez vos efforts ! Je souhaiterais
Que la foudre ait mis le feu à ces bûches
Qu'on vous a chargé d'empiler ! De grâce,
Posez-les ici et reposez-vous.
À leur flambée, elles verseront des larmes
De vous avoir causé tant de soucis.

61

Mon père est absorbé dans ses études ;
De grâce, reposez-vous ; il sera pris
Au moins pendant trois heures.

FERDINAND. Ô ma maîtresse,
Je ne me déchargerai de ma tâche
Avant le crépuscule.

MIRANDA. Asseyez-vous ;
Je me chargerai de porter vos bûches.
Donnez-les-moi, je les transporterai.

FERDINAND. Non, aimable personne, plutôt laisser
Mes nerfs craquer, mon dos se fendre en deux,
Que de vous voir vous humilier pendant
Que je paresse.

MIRANDA. Pourquoi plus humiliant
Pour moi que pour vous ? Et je le ferais
Avec plus d'aisance, car mon bon vouloir
Est plus fort que le vôtre.

PROSPERO, *à part*. Pauvre chenille,
Te voilà infectée ! J'en ai la preuve.

MIRANDA. Vous semblez épuisé.

FERDINAND. Non, ma princesse,
Quand vous êtes là, pour moi le soir est l'aube.
Je vous prie de me dire, afin seulement
De l'inclure en mes prières, votre nom.

MIRANDA. Miranda. Ô mon père, en le disant,
J'ai désobéi à vos instructions !

FERDINAND. Admirable Miranda ! En effet,
Le parangon de toute admiration,
Le plus précieux objet du vaste monde !
J'ai contemplé souvent avec délice

De nobles beautés et prêté oreille
Diligente à leur harmonieux discours.
Pour vertus diverses ai-je aimé déjà
Diverses dames ; mais toujours chez chacune
Un ignoble défaut venait combattre
La grâce la plus noble. Mais avec vous,
Ô vous, si parfaite et incomparable,
Fut créé le chef-d'œuvre des créatures.

MIRANDA. Je ne connais personne de mon sexe ;
Ne me souviens d'aucun visage de femme
Sinon du mien aperçu dans la glace.
Ni vu d'autres hommes, dignes d'être nommés tels,
Que vous, cher ami, et que mon cher père.
Suis ignorante des traits de tous les autres.
Par ma pudeur, le joyau de ma dot,
J'avoue ne désirer pour compagnon
Personne au monde que vous. Je ne saurais
Rêver de formes plus parfaites que les vôtres.
Mais je bavarde en trop de liberté,
En oubliant les leçons de mon père.

FERDINAND. Je suis par mon rang un prince, Miranda ;
Pour mon malheur, peut-être même un roi ;
Je ne souffrirais pas plus que des mouches
Autour de ma bouche cet esclavage. Grâce,
Écoutez parler mon âme ! Dès l'instant
Que je vous ai vue, mon cœur fut à vous ;
Je suis votre esclave ; et pour vous servir,
Serai porte-faix.

MIRANDA. Est-ce que vous m'aimez ?

FERDINAND. Ô terre, ô ciel, soyez témoins des mots
Que je dis et couronnez de succès,
Si je dis vrai, ma profession de foi !
Si je suis faux, renversez ma fortune !

Au-delà des limites du vaste monde,
Je vous aime, honore et place au-dessus
De tout.

MIRANDA. Je suis folle de verser des larmes
Sur mon bonheur.

PROSPERO, *à part.* Merveilleuse rencontre
De deux rares affections! Le ciel inonde
De ses grâces les fruits qui en sortiront!

FERDINAND. Sur quoi pleurez-vous?

MIRANDA. Mon indignité
Et mon hésitation à vous offrir
Ce que tant je désire vous octroyer,
Ou recevoir, et sans quoi je mourrai.
Mais ce sont là futilités; car plus
Les mots cherchent à cacher, plus ils dévoilent.
Viens là, timide astuce, et soutiens-moi,
Innocente et pure! Serai votre femme,
Si vous m'épousez; sinon, mourrai vierge.
Vous pouvez me refuser votre couche;
Alors je me ferai votre servante,
Que oui ou non vous le vouliez.

FERDINAND. Ma dame
La plus chère et moi votre serviteur.

MIRANDA. Alors mon époux?

FERDINAND. Oui, avec un cœur
Aussi anxieux que l'esclave de gagner
Sa liberté. Voici ma main.

MIRANDA. La mienne
Qui enferme mon cœur. Maintenant, adieu,
Jusqu'à la demi-heure.

FERDINAND. Mille mille bonheurs !

Ils sortent dans deux directions différentes.

PROSPERO. Je ne saurais être aussi contents qu'eux
Qui ne s'attendaient pas à ce bonheur ;
Mais je ne puis être heureux davantage.
Retournons à nos livres ; car d'ici l'heure
De souper, il me reste encore à faire
Beaucoup pour mener mes projets à bien.

Il sort.

SCÈNE II

En une autre partie de l'île.

Entrent Caliban, Stephano et Trinculo.

STEPHANO. Ne me dites pas! Quand le tonneau sera vide, on boira de l'eau; pas une goutte avant. Donc buvez. Mon monstre esclave, bois à moi.

TRINCULO. Monstre esclave? Le fou de l'île! On raconte qu'il n'y en a que cinq en l'île; nous sommes trois de ceux-là. Si les deux autres sont aussi brillants que nous, l'État chancelle.

STEPHANO. Bois, monstre esclave, quand je te l'ordonne; tes yeux sont presque vissés dans leurs trous.

TRINCULO. Où donc ailleurs pourraient-ils l'être? Il serait en effet tout un monstre s'il avait les yeux dans la queue.

STEPHANO. Mon monstre d'homme a noyé sa langue dans le vin. Quant à moi, la mer ne pourrait me noyer. Avant d'atteindre la côte, j'ai nagé trente-cinq lieues, par intervalles, sous cette lumière. Tu seras mon lieutenant, monstre, ou mon porte-drapeau.

TRINCULO. Ton lieutenant, si ça te plaît, mais il ne portera rien, lui qui ne porte plus sur ses jambes.

STEPHANO. On ne se sauvera point, monsieur Monstre.

TRINCULO. Ne courra point faire ses petites affaires, ses petits besoins.

STEPHANO. Crétin, parle une fois dans ta vie, si tu es un bon crétin.

CALIBAN. Comment va ton honneur ? Laisse-moi lécher ta chaussure. Lui, je ne le servirai pas ; il n'est pas vaillant homme.

TRINCULO. Tu mens, monstre des plus ignorants ; je suis assez solide pour bousculer un connétable. Dis-moi, espèce de poisson débauché, existe-t-il un poltron qui aurait bu autant de vin aujourd'hui que moi ? Vas-tu mentir monstrueusement, n'étant que moitié monstre et moitié poisson ?

CALIBAN. Voilà comme il me raille ! Vas-tu le laisser faire, monseigneur ?

TRINCULO. « Monseigneur », qu'il dit ? Que ce monstre peut être idiot !

CALIBAN. Voilà, voilà, encore ! Mords-le à mort, je t'en prie.

STEPHANO. Trinculo, garde ta langue dans ta poche. Si tu te mutines, je te pends au premier arbre ! Le pauvre monstre est mon sujet, et ne souffrira aucun manque de respect.

CALIBAN. Je remercie mon noble seigneur. Accepterais-tu d'entendre encore une fois ma requête ?

STEPHANO. Par la Vierge, je le ferai. À genoux et répète-la ; je me tiens debout, de même Trinculo.

Entre Ariel, invisible.

CALIBAN. Comme déjà je t'en ai parlé,
Je suis le sujet d'un tyran,

Qui par un chemin détourné,
M'a privé de mon île céans.

ARIEL. Tu mens.

CALIBAN, *à Trinculo*. Tu mens toi-même, espèce de singe
                                                    bouffon !
Je voudrais que t'assomme mon vaillant maître.
Je ne mens pas.

STEPHANO. Trinculo, si tu le troubles encore dans son
récit, de ma propre main je déracine tes meilleures dents.

TRINCULO. Mais je n'ai rien dit.

STEPHANO. Contente-toi de murmurer, sans plus.
Continue.

CALIBAN. Il a obtenu par magie cette île ;
Il me l'a arrachée ; si ta grandeur
Veut se venger de lui – je sais que toi
Tu oseras, mais point cette espèce-là –

STEPHANO. Ça c'est sûr.

CALIBAN. Tu en seras le maître, moi, Caliban,
Je te servirai toi.

STEPHANO. Dis-moi comment
On va manœuvrer ? Peux-tu me conduire
À lui ?

CALIBAN. Oui, je te le livre endormi,
Que tu pourras lui planter en la tête
Un clou.

ARIEL. Tu mens ; tu ne le pourras pas.

CALIBAN. Quel nigaud c'est là ! Quel clown dégoûtant !
Je prie ta grandeur de le corriger

Et de lui enlever sa gourde. Après,
Il ne boira plus que de la saumure,
Car ce n'est pas moi qui lui indiquerai
Où serpente l'eau vive des ruisseaux.

STEPHANO. Trinculo, ne cours plus aucun risque! Inter-
romps une fois de plus le monstre et de cette main sans
pitié je te transforme en morue sèche.

TRINCULO. Comment, qu'est-ce que j'ai fait? Rien du
tout. Je m'éloigne.

STEPHANO. N'as-tu pas dit qu'il mentait?

ARIEL. Tu mens.

STEPHANO. Moi je mens? Prends ça! *(Il le frappe.)* Comme
tu aimes ça, mens encore un coup.

TRINCULO. Je n'ai pas menti. Te voilà rendu hors de ta
tête et hors d'entendement? Que le diable emporte ta
gourde! Voilà où conduit la boisson. La peste bovine sur
ton monstre, et que les démons te rongent les doigts!

CALIBAN. Ha, ha, ha!

STEPHANO. Continue avec ton récit. *(À Trinculo :)* Je t'aver-
tis, reste à l'écart.

CALIBAN. Frappe-le suffisamment.
Après coup, je le battrai aussi.

STEPHANO. Reste loin. Toi, continue.

CALIBAN. Comme je te l'ai dit, c'est coutume chez lui
De faire un somme tous les après-midi.
Là tu pourras lui défoncer le crâne,
Mais après t'être emparé de ses livres,
Lui planter un bâton dans la poitrine,

Ou lui trancher la gorge de mon couteau.
Souviens-toi d'abord de lui retirer
Ses volumes; car sans eux, il n'est qu'un sot
Tel que moi et n'a plus aucun pouvoir
Sur les esprits. Tous ceux-là le haïssent
Autant que moi. Mais ne brûle que ses livres.
Il a de beaux ustensiles – comme il dit –
Qu'il installera en sa maison, le jour
Qu'il en aura. Mais au-delà de tout
Ce qu'il possède, il vous faut reluquer
La beauté de sa fille. Lui-même l'appelle
Beauté sans-pareille. Je n'ai jamais vu
D'autres femmes qu'elle et ma mère Sycorax;
Mais elle surpasse Sycorax autant
Que le plus le moindre.

STEPHANO. Elle est donc si rare?

CALIBAN. Oui, seigneur. Elle sera digne de ton lit,
Je te garantis, et te donnera
Une progéniture incomparable.

STEPHANO. Monstre, je tuerai cet homme. Moi et sa fille
serons roi et reine – Dieu sauve leurs Majestés! – et toi et
Trinculo serez vice-rois. Que dis-tu de mon projet,
Trinculo?

TRINCULO. Excellent.

STEPHANO. Donne-moi la main. Je regrette de t'avoir
battu; mais aussi longtemps que tu vis, garde ta langue
dans ta poche.

CALIBAN. Dans une demi-heure, il dormira.
Alors, l'assommeras-tu?

STEPHANO. Sur mon honneur.

ARIEL. Je vais sitôt en prévenir mon maître.

CALIBAN. Tu me réjouis ; je suis rempli de joie.
Soyons joyeux. Veux-tu chanter la ronde
Qu'à l'instant tu m'as enseignée ?

STEPHANO. Sur ta requête, ô monstre, je ferai tout ce qui
est raisonnable. Viens, Trinculo, chantons.

Il chante.

> Narguez-les et raillez-les,
> Et raillez-les et narguez-les !
> L'esprit est libre.

CALIBAN. Ce n'est pas ça, l'air.

Ariel joue l'air sur un tambour et une cornemuse.

STEPHANO. Quel est cet air ?

TRINCULO. C'est l'air de notre chanson, joué par le por-
trait de personne.

STEPHANO. Si tu es un homme, montre-toi tel que tu es.
Si tu es le diable, prends la forme qui te convient.

TRINCULO. Oh ! pardonnez-moi mes péchés !

STEPHANO. Qui meurt paie ses dettes. Je te défie. Pitié sur
nous !

CALIBAN. As-tu peur ?

STEPHANO. Nenni, monstre, pas moi.

CALIBAN. N'aie point peur, cette île est remplie de bruits.
De tendres airs qui plaisent sans blesser.
Tantôt viennent murmurer à mes oreilles
Mille instruments pleins de sons nasillards ;

Tantôt des voix qui, si je m'éveillais
D'un long sommeil, m'y replongeraient sitôt.
Alors dans mes rêves, je peux voir s'ouvrir
Les nuages qui s'en viennent me déverser
Leurs richesses, au point que me réveillant,
Je ne rêve que de rêver encore.

STEPHANO. Voilà que s'offre à moi un grand royaume qui me fournit gratuitement ma musique.

CALIBAN. Quand Prospero sera éliminé.

STEPHANO. Cela se fera petit à petit ; je me souviens du récit.

TRINCULO. Le son s'en va ; suivons-le, après quoi nous ferons notre besogne.

STEPHANO. Conduis-nous, monstre ; nous te suivons. J'aimerais bien voir ce musicien qui tambourine.

TRINCULO, *à Caliban.* Tu viens ? Je suivrai Stephano.

Ils sortent.

SCÈNE III

En une autre partie de l'île.

Entrent Alonso, Sebastian, Antonio, Gonzalo, Adrian,
Francisco, etc.

GONZALO. Par la Vierge, je ne puis continuer, sire ;
Mes vieux os me font mal. C'est un dédale
De chemins tantôt droits tantôt obliques.
De grâce, accordez-moi de m'arrêter.

ALONSO. Vieil homme, je ne peux vous blâmer, saisi
Moi-même de fatigue à m'en étourdir.
Reposez-vous. Je cesse de me flatter
D'inutile espérance. Il est noyé,
Lui que nous nous efforçons de trouver ;
La mer se moque de notre quête en terre.
Tant pis, qu'il disparaisse.

ANTONIO, *à part à Sebastian.* Tant mieux qu'il soit
Privé d'espoir. Pour un premier échec,
N'allez pas renoncer à l'objectif
Que vous vous êtes donné.

SEBASTIAN, *à part à Antonio.* Le prochain pas
Sera mieux préparé.

ANTONIO, *à part à Sebastian.* Qu'il soit ce soir ;
Car épuisés par le voyage, voilà
Qu'ils ne voudront ni ne pourront veiller
Comme au repos.

SEBASTIAN, *à part à Antonio.* Je dis ce soir. C'est tout.

Musique étrange et solennelle; Prospero en haut, invisible. Entrent diverses formes bizarres, qui apportent le repas; ils dansent autour et saluent gracieusement; puis, invitant le roi à manger, ils se retirent.

ALONSO. Quelle mélodie est-ce? Amis, écoutez!

GONZALO. Oh! quelle merveilleuse et douce musique!

ALONSO. Ciel, envoie-nous tes anges! Qu'étaient ceux-là?

SEBASTIAN. Vivante pantomime. Dorénavant
Je croirai à l'existence des licornes;
En Arabie existe un arbre, le trône
Des phénix; l'un des phénix règne ici
En ce moment.

ANTONIO. Je crois à ça aussi;
Ainsi qu'à toute autre chose incroyable.
Les grands voyageurs n'ont jamais menti,
Quoique les fous restés chez eux les raillent.

GONZALO. Pourrait-on me croire aujourd'hui à Naples
Si je rapportais la vision que j'eus
De ces insulaires? – Car en vérité,
Ceux-là sont les habitants de cette île –
Qui, quoique sous leurs formes monstrueuses,
Révélaient des manières plus humaines
Que bon nombre de nos contemporains.

PROSPERO, *à part*. Honnête homme, tu dis vrai; parce
                                        que certains
D'entre ceux-là sont pis que des démons.

ALONSO. Je ne puis cesser de m'émerveiller
Devant de tels sons, actions et figures
Qui sans faire usage de la langue expriment
Un tel discours.

PROSPERO, *à part.* À plus tard tes éloges.

FRANCISCO. Disparition étrange!

SEBASTIAN. Peu nous importe
Puisque en partant, ils nous ont fait cadeau
De viandes; car nous avons des estomacs.
Seriez-vous tentés d'y goûter?

ALONSO. Pas moi.

GONZALO. Ma foi, sire, n'ayez crainte. Quand nous étions
Petits garçons, qui eût pu croire alors
Qu'il existait des alpinistes semblables
À des taureaux aux bosses sous la gorge?
Ou que chez certains hommes la tête poussait
Sur la poitrine? Aujourd'hui nous savons
Que les nombreux voyageurs qui gageaient,
Cinq contre un, de revenir sains et saufs
Pourraient nous rapporter des choses étranges.

ALONSO. Je me lèverai et mangerai avec vous;
Mais pour la dernière fois, quoi qu'il arrive,
Puisque je sens que le mieux est passé.
Mon frère, et noble duc, venez aussi.
Levez-vous et mangez.

*Tonnerre et éclairs. Entre Ariel sous la forme d'une harpie; il tape
des ailes contre la table; la table disparaît par magie.*

ARIEL. Vous êtes trois misérables que le destin –
Qui a pour instrument ce bas monde et
Ce qu'il contient – arracha à la mer
Jamais rassasiée, vous les plus indignes
Des vivants, et vous vomit en cette île
Inhabitée. Je vous ai rendus fous.
Même avec une vaillance insensée,
Les hommes se détruisent et se noyent eux-mêmes.

75

Pauves fous ! Je suis l'outil du destin.
Les éléments dont sont faites vos épées
Pourraient autant blesser les vents criards,
Ou sous vos dérisoires coups de poignard
Tuer les vagues qui se referment aussitôt,
Que d'arracher une plume de mon plumage.
Mes agents sont de même invulnérables.
Quand vous pourriez nous blesser, vos épées
Sont désormais trop lourdes pour vos forces :
Vous ne pourriez même pas les soulever.
Mais souvenez-vous – car c'est mon message –
Que vous avez tous les trois détrôné
De Milan Prospero ; que vous l'avez
Jeté, lui et son innocent enfant,
À la mer qui se venge ; pour ce méfait,
Les puissances qui retardent mais n'oublient pas,
Ont dressé les mers et les rives, vraiment,
La nature entière à vous harceler.
Elles vous ont dépossédé, Alonso,
De votre fils, et vous feront languir
Dans une mort plus cruelle qu'une fin rapide.
Il ne vous reste contre leur colère,
Qui en cette île se déchaînera sur vous,
Que le repentir et une vie sans tache.

Il disparaît dans le bruit du tonnerre ; puis, au son d'une douce musique, les formes reviennent et sortent les tables dans des danses avec des gestes de moquerie.

PROSPERO. Tu es très bien dans les harpies, mon Ariel ;
Et tu débarrasses avec une telle grâce !
Tu n'as rien omis de mes instructions.
Ainsi dans une parfaite imitation
De la vie et en suivant mes désirs,

Mes agents subalternes ont joué les rôles
Qui leur furent assignés. Mes sortilèges
Ont fonctionné ; et tous mes ennemis,
Pris de confusion, sont en mon pouvoir ;
Et je les abandonne à leur délire
Pendant que je vais revoir Ferdinand,
Qu'ils imaginent noyé ; de même revoir
Miranda, sa bien-aimée et la mienne.

Il disparaît.

GONZALO. Au nom de quelque chose de sacré, sire,
Pourquoi avez-vous ce regard figé ?

ALONSO. Oh ! ceci est monstrueux, monstrueux !
J'ai cru que les vagues s'adressaient à moi
Et me le racontaient ; les vents me le
Chantaient ; et le tonnerre, de son tuyau
D'orgue profond, a prononcé le nom
De Prospero ; avec une voix de basse
Cela m'a condamné. Par conséquent,
Mon fils repose au fond de l'eau ; et moi
J'irai le chercher plus loin que la sonde
N'atteignit jamais, et l'y rejoindrai.

Il sort.

SEBASTIAN. Un diable à la fois, j'exterminerai
La légion entière.

ANTONIO. Je te seconderai.

Ils sortent.

GONZALO. Tous trois sont au désespoir ; le remords,
Tel un poison dont l'effet est tardif,
Commence à leur ronger l'esprit ; allez

Et tâchez de les empêcher de faire
Le geste auquel les pousse leur folie.

ADRIAN. Venez, je vous prie.

Tous sortent.

ACTE IV

SCÈNE I

À l'entrée de la cellule de Prospero.

Entrent Prospero, Ferdinand et Miranda.

PROSPERO. Si je vous ai traité trop sévèrement,
Vous serez amplement récompensé ;
Je vous offre ici le tiers de moi-même,
Ou ce pour quoi je vis, qu'encore une fois
Je mets entre vos mains. Tous vos ennuis
N'étaient que pour éprouver votre amour ;
Vous avez traversé l'épreuve avec
Tant de succès qu'ici devant le ciel,
J'entérine mon don inestimable.
Ô Ferdinand, ne souriez pas, bientôt
Vous apprendrez qu'elle dépasse les louanges
Qui restent en dessous de la vérité.

FERDINAND. Je le croirais, seigneur, contre un oracle.

PROSPERO. Ainsi comme un don de moi et ton bien
Chèrement acquis, reçois ma fille. Toutefois,
Si tu violes sa virginité avant
Que ne s'accomplisse le rituel des noces,
Le ciel n'arrosera point de ses grâces
Cette union pour la rendre fructueuse,
Mais sèmera sur votre alliance la haine,
Le plus âcre dédain et la discorde,
Et en votre lit de la mauvaise herbe
Pour vous en éloigner. Donc hâtez-vous,
Et que vous éclaire la lampe du dieu
De l'amour.

FERDINAND. Comme je rêve de jours heureux,
De belle progéniture et de longue vie
En compagnie de cet amour, la cage
La plus ténébreuse, l'endroit le plus propre
À loger nos mauvais génies n'auront
Prise sur moi et ne verront mon honneur
Dénaturé par la concupiscence,
Pour me priver de la joie de l'instant
Où je ne verrai point le jour finir,
Ni venir la nuit.

PROSPERO. Bien dit. Assieds-toi
Et converse avec elle ; elle est à toi.
Ici, Ariel ! Mon ingénieux Ariel !

Entre Ariel.

ARIEL. Que veut mon puissant maître ? Je suis présent.

PROSPERO. Toi et ta cohorte, vous vous êtes dignement
Acquittés de votre dernier service.
Mais je dois vous utiliser encore.
Amène ici la troupe dont je t'ai fait chef ;
Incite-la à faire vite ; car je désire
Offrir à ce jeune couple une illusion
Tirée de mon art. C'est là ma promesse,
Et ils l'attendent de moi.

ARIEL. À l'instant même ?

PROSPERO. Oui, en un clin d'œil.

ARIEL. Avant que vous ne puissiez dire :
        Venez ici, loyaux zéphirs,
        Chacun dans un fougueux délire
        Jouera pour votre grand plaisir.
        Vous m'aimez bien, mon maître, mon sire ?

PROSPERO. Beaucoup, mon bel Ariel. Mais ne viens pas
Avant que je ne t'appelle.

ARIEL. Bien, j'ai compris.

Il sort.

PROSPERO, *qui voit les amoureux s'embrasser.*
Garde ta parole. Ne donne au plaisir
Trop longue laisse ; les vœux les plus solides
Ne sont que paille pour le feu dans nos veines.
Sois plus frugal, ou adieu les serments !

FERDINAND. Je vous le jure, sire, sa blanche poitrine
Sur la mienne apaise l'ardeur de mon cœur.

PROSPERO. Bien. Viens là, Ariel, amène du renfort.
Apparais hardiment ! Les yeux ouverts,
Sans dire un mot, silence ! Silence à tous !

Musique douce.

Entre Iris.

IRIS. Cérès, dame opulente, tes riches prés
De pois, seigle, orge, fourrage, avoine et blé ;
Tes vallons verts, où paissent les moutons,
Et champs couverts de céréales de saison ;
Tes talus relevés après l'ondée,
D'où un avril spongieux a découpé
Les chastes couronnes des nymphes d'océan ;
Tes bosquets que recherche ton soupirant
Éconduit et seul ; tes vignes émondées ;
Et tes rives, stériles et escarpées,
Où tu viens prendre l'air, la reine du ciel –
Dont je suis messagère et arc-en-ciel –
Te prie de quitter ces lieux et venir
En ce pré avec elle te divertir. *(Junon descend.)*

Viens, Cérès – ses paons volent à toute vitesse –
Combler ta souveraine de tes richesses.

Entre Cérès.

CÉRÈS. Courrier aux multiples couleurs, salut,
Toi qui à la femme de Jupiter fus
Toujours fidèle, dont les ailes de safran
Diffusent du miel sur mes fleurs des champs,
Et avec chaque bout de ton arc couronne
Mes arpents d'arbrisseaux auxquels tu donnes
Un riche étendard. Dis, pourquoi ta reine
M'a-t-elle convoquée en cette verte plaine?

IRIS. Pour célébrer l'alliance d'un grand amour
Puis en liberté offrir ton secours
Aux amoureux.

CÉRÈS. Dis-moi, bel arc-en-ciel,
Si Vénus ou son fils sont avec elle.
Comme à l'endroit de ma fille Proserpine,
Vénus s'est montrée si fourbe et mesquine,
Ni elle ni son fils, mauvais garnement,
De ne plus les revoir, j'ai fait serment.

IRIS. Ne crains aucunement de la rencontrer;
Tout à l'heure j'ai vu sa divinité
Fendant les nuages en cette direction,
Accompagné de son fils Cupidon.
Ils ont jeté un charme de volupté
Sur ce vaillant prince et sa bien-aimée
Qui tous deux ont juré la continence
Jusqu'au jour solennel de leur alliance.
Vénus tenta de les séduire en vain;
Son fils qui lance ses flèches comme un gamin
Les a brisées, et foi de Cupidon,
A juré de devenir bon garçon.

Junon descend.

CÉRES. Voici Junon, reine de la nature.
Je la reconnais à sa grande allure.

JUNON. Comment se porte ma sœur généreuse ?
Viens avec moi bénir cette paire heureuse,
Qu'elle soit prospère dans la joie la plus pure
Et honorée en sa progéniture.

Elles chantent.

JUNON. Honneur, fortune, heureux mariage,
      Longue vie jusqu'au plus grand âge ;
      Que la joie jamais ne vous laisse.
      Junon appelle sur vous la liesse.

CÉRÈS. Que la terre en un long été
      Remplisse à jamais vos greniers ;
      Les granges bourrées de fourrage,
      Les branches ployant sous leur charge ;
      Qu'à l'automne s'accroche le printemps,
      Bannissant l'hiver pour longtemps.
      Cérès gardera votre vie
      Contre indigence et pénurie.

FERDINAND. Voilà une vision des plus harmonieuses
Et des plus charmantes dans sa grandeur.
Puis-je risquer de croire qu'ils sont des esprits ?

PROSPERO. Des esprits que j'ai tirés de mon art,
Et invités à jouer ma fantaisie.

FERDINAND. Laissez-moi vivre ici éternellement !
Un père si sage et doué de merveilles
Fait de ce lieu un paradis.

Junon et Cérès chuchotent et envoient agir Iris.

PROSPERO. Motus!
Junon et Cérès sérieusement chuchotent.
Il reste des choses à faire. Gardons silence,
Sans quoi notre charme n'opérera plus.

IRIS. Nymphes, aux noms de naïades des frais ruisseaux
Aux doux regards et couronnes de roseaux,
Quittez vos canaux et sur la verdure
Répondez aux ordres de la nature.
Nymphes tempérantes, venez célébrer
Un mariage d'amour dans toute sa beauté.

Entrent des nymphes.

Vous, faucheurs fourbus sous le soleil d'août,
Sortez de vos sillons, réjouissez-vous.
C'est la fête, coiffez vos chapeaux de paille,
Venez avec les nymphes sous la broussaille.

*Entrent des faucheurs. Ils dansent avec les nymphes; vers la fin,
Prospero sort du charme et parle; après quoi, dans un bruit
étrange et sourd, les esprits disparaissent à regret.*

PROSPERO, *à part.* J'avais oublié la conspiration
Contre ma vie du monstre Caliban
Et associés. Leur temps est arrivé.
(Aux esprits :) Bien réussi! Disparaissez. Suffit!

FERDINAND. Comme c'est étrange de le voir dans
ces transes
Qui le travaillent!

MIRANDA. Jamais avant ce jour
Ne l'ai-je vu dans un courroux si violent.

PROSPERO. Vous semblez, mon fils, dans un état trouble,
Comme consterné. Soyez heureux, monsieur.
Finie la fantasmagorie. Ces mimes,

Tel que j'ai dit, étaient tous des esprits
Fondus dans les airs, les airs impalpables.
Et comme le mirage de cette vision,
Les tours élancées, les palais cossus,
Les temples sacrés, le globe lui-même,
Et ce qui l'habite, tout va se dissoudre
Et s'effacer sans laisser aucune trace,
Comme s'est éteint ce spectacle sans substance.
Nous sommes de l'étoffe dont sont faits les songes,
Et nos pauvres vies baignent dans le sommeil.
Je suis troublé. Tolérez ma faiblesse.
Ne soyez point ému par ma blessure.
Veuillez vous retirer en ma cellule
Et vous reposer. J'irai faire un tour
Pour calmer mes esprits.

FERDINAND et MIRANDA. Paix avec vous.

Sortent Ferdinand et Miranda.

PROSPERO. Viens dès que je te pense. Merci, Ariel !

ARIEL. Je te suis fidèle. Quel est ton plaisir ?

PROSPERO. Esprit, préparons-nous pour Caliban.

ARIEL. Oui, mon commandant. Quand j'ai joué Cérès,
D'abord j'avais pensé t'en prévenir,
Puis j'ai eu peur de te mettre en colère.

PROSPERO. Dis-moi, où as-tu laissé ces bandits ?

ARIEL. Je te l'ai dit, ils étaient rouges de vin ;
Si pleins de vaillance qu'ils étouffaient l'air
À force de se respirer aux visages ;
Et leurs pieds trépidants baisaient le sol,
Sans pourtant s'éloigner de leur projet.
Puis j'ai joué du tambour ; alors du coup,

Tels des poulains indomptés, s'arrêtèrent,
Tendirent l'oreille, ouvrirent grandes les paupières,
Reniflèrent la musique. Puis je trompai
Leurs oreilles avec de sourds beuglements
Pour les mener à travers la bruyère,
Le jonc piquant, les ronces et les chardons
Qui leur mordillaient les jarrets. Enfin,
Je les abandonnai dans le marais
Puant là-bas, par-delà ta cellule,
Embourbés jusqu'au menton, où le lac
Nauséabond leur faisait rendre gorge.

PROSPERO. Voilà qui fut bien fait, mon bel oiseau.
Mais garde encore ton aspect invisible.
Prends de chez moi mes habits reluisants
Et fais-en des amorces pour capturer
Ces brigands.

ARIEL. J'y vais de ce pas, j'y vais.

Il sort.

PROSPERO. Un diable, diable-né qu'aucune culture
Ne pourrait arracher à sa nature ;
Pour lequel toutes mes peines furent peines perdues.
Et comme avec l'âge, son corps s'enlaidit,
Son esprit de même vient à s'ulcérer.
Je les réduirai tous aux hurlements.

Entre Ariel en portant des vêtements brillants.

Viens, pends-les à cet arbre.

Prospero et Ariel demeurent invisibles. Entrent Caliban, Stéphano et Trinculo, tous trempés.

CALIBAN. Doucement, que la taupe aveugle n'entende
Nos pas. Nous approchons de sa cellule.

STEPHANO. Monstre, ta fée, que tu dis être inoffensive, n'a fait rien d'autre que jouer avec nous les feux follets.

TRINCULO. Monstre, je sens la pisse de cheval dégoûter mes narines.

STEPHANO. De même les miennes. Tu entends, monstre ? Si je devais me fâcher contre toi, attention...

TRINCULO. Tu serais un monstre mort.

CALIBAN. Mon bon seigneur, garde-moi tes faveurs.
Sois patient car le prix que je t'apporte
Fera pâlir notre mésaventure.
Donc parlons bas. Silence comme à minuit.

TRINCULO. Oui, mais de perdre nos gourdes dans l'étang...

STEPHANO. Voilà qui n'est pas que disgrâce et déshonneur, mais perte irréparable.

TRINCULO. C'est pire que d'être trempé comme une soupe. C'était là ta fée inoffensive ?

STEPHANO. J'irai chercher ma gourde, même si je dois en avoir jusqu'aux oreilles.

CALIBAN. Calmons-nous, mon roi. Vois-tu où nous
sommes ?
C'est la bouche de la grotte. Entrez sans bruit.
Accomplis ce bon forfait qui te donne
Cette île pour toujours, et me donne à toi,
Moi, ton Caliban, ton lèche-chaussures.

STEPHANO. Donne-moi la main. Je commence à nourrir en effet des idées sanglantes.

TRINCULO. Ô Stephano, mon roi! pair du royaume! Ô noble Stephano, regarde la garde-robe qui s'ouvre devant toi!

CALIBAN. Laisse ça, idiot! ce n'est que des guenilles.

TRINCULO. Oh! pardon, monstre! nous connaissons les étoffes d'une friperie. Ô roi Stephano!

STEPHANO. Remets ce vêtement à sa place, Trinculo! Par ma main, il sera à moi.

TRINCULO. Votre seigneurie l'aura.

CALIBAN. Que l'hydropisie noie cet imbécile!
Pourquoi t'attarder sur de tels chiffons?
Laissons ça là, l'assassinat d'abord.
S'il se réveille, il pourrait nous percer
De la tête aux pieds, à nous transformer
En passoire étrange.

STEPHANO. Tiens-toi tranquille, monstre. Madame la corde à linge, n'est-ce pas là ma veste? (*Il la saisit.*) Si elle perd son poil, ce sera une veste usée à la corde.

TRINCULO. Bravo! Volons mais tenons-nous loin de la corde, s'il plaît à Votre Grâce.

STEPHANO. Merci pour ce calembour. Je te le paye de cet habit. L'esprit sera toujours récompensé aussi longtemps que je serai roi de ce pays. «Nous tenir loin de la corde» est une excellente saillie. Voilà pour ça un autre accoutrement.

TRINCULO. Monstre, viens t'enduire les doigts de glu, comme les voleurs, et emporte le reste.

CALIBAN. Je n'en veux pas. Nous perdons notre temps ;
Et serons tous changés en oies sauvages,
Ou en singes au regard dissimulé.

STEPHANO. Monstre, un coup de main ; aide-nous à
porter ceci près de ma barrique de vin, ou je te chasse de
mon royaume. Va, emporte ceci.

TRINCULO. Et ça.

STEPHANO. Oui, et ceci.

*On entend un bruit de chasse. Entrent divers esprits sous la forme
de meute de chiens qui les poursuivent, sur ordre de Prospero et
Ariel.*

PROSPERO. Hé ! Montagne, hé !

ARIEL. Argent, va, Vif-argent !

PROSPERO. Furie, Furie ! Vas-y, Tyran, attaque !

Caliban, Stephano et Trinculo sont chassés.

Chargez, mes lutins, broyez leurs jointures,
Que des crampes de vieillards tordent leurs tendons,
Qu'ils soient tachetés comme des léopards.

ARIEL. Écoutez-les hurler !

PROSPERO. Qu'on les chasse bien.
À cette heure précise, tous mes ennemis
Sont à ma merci. Bientôt se terminent
Mes durs labeurs, et toi tu reprends l'air
Vers la liberté. Mais pour le moment,
J'ai encore besoin de ton dévouement.

Ils sortent.

ACTE V

SCÈNE I

À l'entrée de la cellule de Prospero.

Entre Prospero revêtu de ses habits de magicien, accompagné d'Ariel.

PROSPERO. Voilà rendu à sa fin mon projet.
Mes charmes ont opéré et mes esprits
Obéi ; même le temps n'a pas failli.
Quelle heure est-il ?

ARIEL. Six heures, mon maître, l'heure même
Où je dois recouvrer ma liberté.

PROSPERO. Je te l'ai promise quand j'ai fait lever
Cette tempête au début. Dis-moi, esprit,
Comment va le roi ? et ses compagnons ?

ARIEL. Ils sont tels que vous les avez laissés,
Tous prisonniers, mon maître, dans le bosquet
Qui protège des rafales votre cellule.
Ils ne sauraient bouger sans votre accord :
Le roi, son frère et le vôtre, tous les trois
Médusés, et l'autre pleurant sur eux,
Brisé par l'anxiété et le chagrin,
Celui que vous appeliez gentiment
Le bon vieux Gonzalo. Ses larmes tombent
De sa barbe telles des gouttelettes d'hiver
D'un toit de chaume. Vos charmes ont opéré
Sur eux si fort que si vous les voyiez,
Votre cœur serait attendri.

PROSPERO. Tu penses?

ARIEL. Le mien le serait, si j'étais humain.

PROSPERO. De même le mien. Si toi qui n'es que vent
Peux t'émouvoir ainsi sur leur malheur,
Comment moi-même qui suis de leur espèce,
Qui partage leurs désirs et leurs passions,
Pourrais-je éprouver moins de compassion
Que toi? Même si leurs fautes impardonnables
Me font bondir de colère, je choisis
La raison plus noble que la fureur.
Le pardon est plus rare que la vengeance.
Ils sont repentis : mon but est atteint.
Va, Ariel, libère-les. Je vais détruire
Mes charmes, restaurer leurs sens, ils seront
Eux-mêmes.

ARIEL. Je vais sur l'heure les chercher, maître.

Il sort.

PROSPERO. Vous tous, elfes des collines, doux ruisseaux,
Lacs tranquiles et marais, et vous aussi
Qui, sans laisser d'empreintes sur le sable,
Suivez le flux et reflux de Neptune;
Vous les lutins qui sous les clairs de lune
Tressez la crinière des chevaux sauvages;
Et vous qui faites surgir les champignons
De nuit à l'heure pompeuse du couvre-feu;
Avec votre aide, aussi faible fût-elle,
J'ai fait pâlir le soleil de midi,
Appelé les vents rebelles et fait gronder
La guerre entre l'azur et l'océan;
À la foudre éclatante et redoutable,
J'ai fourni le feu et fendu le chêne
De Jupiter avec son propre éclair;

J'ai fait trembler le solide promontoire
Et déraciné le pin et le cèdre ;
Les tombeaux sur mon ordre ont rejeté
Leurs morts. Cela je l'ai fait par mon art.
Mais je renonce à cette magie grossière ;
Et quand avec une musique céleste
J'aurai mis fin au puissant sortilège
Qui lie leurs sens, je casserai mon bâton,
L'enfouirai plus de six pieds sous terre ;
Et plus profond que jamais aucune sonde
N'en détecta, je noierai mon livre.

Musique solennelle.

Entre d'abord Ariel ; puis Alonso dans un geste frénétique, accompagné de Gonzalo ; de même Sebastian et Antonio, accompagnés d'Adrian et Francisco. Ils entrent tous dans le cercle qu'a tracé Prospero et y demeurent médusés. Alors parle Prospero.

Qu'un air solennel, le meilleur remède
À l'esprit troublé, guérisse ton cerveau,
En ce moment empâté sous ton crâne !
Viens, redresse-toi, car tu es libéré
De mon charme, honorable Gonzalo,
Ô saint homme ; mes yeux s'associent aux tiens
Pour pleurer. Très vite mon charme se dissout ;
Et tout comme l'aurore empiète sur la nuit
En fondant la noirceur, ainsi leurs sens
Ressuscités chassent-ils l'épaisse buée
Qui couvre leur raison. Bon Gonzalo,
Mon vrai sauveur et loyal serviteur
De ton seigneur, je te retournerai
Tes faveurs en paroles et en actions.
Quant à toi, Alonso, tu fus cruel
Envers moi et ma fille. Ton propre frère
A marché sur tes pas encore plus loin.
Te voilà bien puni, ô Sebastian.

Et toi, mon frère, de ma chair et mon sang,
Qui a cédé à l'ambition, chassé
La pitié et tous sentiments humains ;
Qui, avec Sebastian – dont les penchants
Pervers sont si forts –, voulus tuer ton roi,
Je te pardonne, tout coupable que tu sois.
Leur entendement commence à renflouer,
Et la marée qui reviendra bientôt
Nettoiera le rivage de ses scories.
Pas un seul encore qui ne me regarde
Ni ne me reconnaît. Va me chercher,
Ariel, mon manteau et ma longue épée
Dans ma cellule. Je vais me dévêtir
Et me présenter en duc de Milan.
Fais vite, esprit ! Bientôt tu seras libre.

Ariel sort et revient tout de suite.

Ariel chante pendant qu'il aide Prospero à s'habiller.

ARIEL. Je suce là où suce l'abeille ;
        Dans le coucou je sommeille ;
        Semblable au hibou je veille ;
        Pour m'envoler j'appareille,
        Vers l'été, vers le soleil.
        Je vivrai joyeux, ho-ho !
        Suspendu à la fleur qui pend à son rameau.

PROSPERO. Je reconnais là mon gentil Ariel !
Tu me manqueras, mais je te libère ;
Si, si, si. Rends-toi au bateau du roi.
Invisible tel que tu es ! Et là,
Tu trouveras les marins endormis
Sous l'écoutille. Les autres, le capitaine
Et son maître d'équipage, éveillés,
Convoque-les ici, immédiatement.

ARIEL. Je fends l'air devant moi et m'en reviens, ·
Avant que ton pouls n'ait battu deux fois.

Il sort.

GONZALO. Tous les tourments, les troubles, et les
merveilles
Logent en ces lieux. Qu'une puissance céleste
Nous guide hors de ce pays effrayant!

PROSPERO. Vois, ô roi, le lésé duc de Milan,
Prospero. Pour te certifier qu'un prince
Vivant s'adresse à toi, j'embrasse ton corps
Et je te souhaite, à toi et ta suite,
La bienvenue.

ALONSO. Que tu le sois ou non,
Ou quelque apparition pour m'abuser,
Comme je fus récemment, je n'en sais rien.
Ton pouls bat comme s'il était chair et sang;
Depuis que je te vois, mon cœur qui fut
Pris de folie s'amende. Si tout ceci
Est bien réel, c'est une étrange histoire.
Je te rends ton duché et te demande
De me pardonner ma conduite indigne.
Mais comment Prospero peut-il encore
Être vivant et se trouver ici?

PROSPERO. D'abord, noble ami, laisse-moi embrasser
Ton vieil âge, dont l'honneur est sans mesure.

GONZALO. Je ne peux, vrai ou pas, jurer de rien.

PROSPERO. Vous n'êtes plus sûr de rien, ayant goûté
Dans l'île à trop de subtiles illusions.
Bienvenue à vous tous, mes bons amis.
(À part à Sebastian et Antonio :)
Quant à vous, paire de beaux sires, si j'osais,

Je vous accablerais de la colère
De Son Altesse, en vous prouvant des traîtres.
Pourtant, pour l'instant, je ne dirai rien.

SEBASTIAN, *à part.* Le diable parle par sa voix.

PROSPERO. Non. Toi,
Maître scélérat, que d'appeler frère
Infecterait ma bouche, je me résous
À pardonner ta faute impardonnable...
Toutes tes fautes; et je réclame de toi
Mon duché que tu devras forcément
Me rendre.

ALONSO. Si tu es vraiment Prospero,
Révèle-nous comment tu as survécu;
Comment tu nous as retrouvés ici,
Qui étions naufragés sur ce rivage
Il y a trois heures; là où j'ai perdu
– Comme en est pénible le souvenir! –
Mon cher fils Ferdinand.

PROSPERO. J'en suis navré.

ALONSO. Irréparable perte que la patience
Ne saurait réparer.

PROSPERO. Je pense plutôt
Que vous n'avez point réclamé son aide,
Qu'en de semblables circonstances moi-même
J'ai obtenue.

ALONSO. Subi pareille épreuve?

PROSPERO. Tout aussi grande et tout aussi récente,
Et avec de bien plus faibles moyens
Que vous pour me la rendre supportable;
Car j'ai perdu ma fille.

ALONSO. Une fille, vous dites ?
Ô ciel, si seulement ils vivaient tous deux
À Naples, ils seraient là-bas roi et reine !
Pour cela je voudrais être enterré
Dans le lit bourbeux où mon fils repose.
Quand avez-vous donc perdu votre fille ?

PROSPERO. Dans la dernière tempête. Je crois comprendre
Que ces lords sont saisis de telle stupeur
À cette vision que leur raison chavire
Et qu'ils n'en croient leurs yeux, car leurs paroles
Ne sont plus que soupirs. Mais quoi que disent
Vos sens, sachez que je suis Prospero,
Ce propre duc expulsé de Milan,
Qui fut étrangement débarqué ici
Où vous fûtes naufragés, sur ce rivage
Dont il est le seigneur. Mais c'est assez ;
Car c'est là la chronique du jour le jour,
Et non pas un récit de déjeuner,
Et qui ne convient guère à cette rencontre.
Bienvenue, sire ; cette cellule est ma cour.
Je n'ai ici que peu de serviteurs,
Et nul sujet dans l'île. Veuillez entrer.
Pour mon duché que vous m'avez rendu,
Je vous offrirai en équivalence
Une merveille qui saura vous réjouir
Autant que moi, monseigneur, mon duché.

*Ici Prospero révèle le spectacle de Miranda et Ferdinand en train
de jouer aux échecs.*

MIRANDA. Mon doux chevalier, vous trichez.

FERDINAND. Jamais,
Mon cher amour, pas pour un univers.

MIRANDA. Si fait, vous le pourriez pour un royaume,
Et j'appellerais cela franc jeu.

ALONSO. Grands dieux,
Si ce n'est là que nouvelle illusion
De l'île, je perds un fils une fois de plus.

SEBASTIAN. Oh! le miracle!

FERDINAND, *qui approche.* Quoique les mers menacent,
Elles sont pourtant compatissantes. Sans cause
Les ai-je maudites.

Il s'agenouille.

ALONSO. Les bénédictions
D'un père heureux feront tout oublier.
Lève-toi et dis comment tu vins ici!

MIRANDA. Ô merveille! Que de superbes personnes
J'aperçois! Que l'humanité est belle!
Comme est splendide le nouveau monde qui porte
Des hommes pareils!

PROSPERO. Tout est nouveau pour toi.

ALONSO. Quelle est cette jeune fille avec qui tu jouais?
Tu ne la connais que depuis trois heures.
Serait-ce la déesse qui nous a d'abord
Séparés, puis réunis à nouveau?

FERDINAND. Sire, elle est mortelle; mais par immortelle
Providence, elle est mienne. Je l'ai choisie
À l'heure où je ne pouvais demander
L'avis de mon père, ni ne me doutais
Que j'en avais un. Elle est fille du grand
Duc de Milan, de si haute renommée,
Mais que jamais je n'avais rencontré;

De qui j'ai reçu une seconde vie ;
Et qui devient par elle mon second père.

ALONSO. Je serai le sien. Mais comme tout ceci
Peut sonner singulier, que moi je doive
Demander pardon à mon fils !

PROSPERO. Assez,
Royal seigneur. N'allons point alourdir
Notre souvenir d'un chagrin enfui.

GONZALO. J'ai tant pleuré à l'intérieur de moi,
Et j'aurais pu parler avant. Ô dieux,
Jetez un œil en bas et sur ce couple
Venez poser une couronne bénie !
Car c'est vous-mêmes qui avez à la craie
Tracé la voie qui nous menait ici.

ALONSO. À cela, Gonzalo, je dis amen.

GONZALO. Milan fut-il banni de son Milan
Afin que sa progéniture devienne
Souveraine à Naples ? Oh ! réjouissez-vous
Au-delà de toute joie, et gravez-le
En or sur des colonnes indestructibles.
En un voyage, Claribel à Tunis
S'est trouvé un mari, et Ferdinand,
Son frère, se trouve une femme là où il fut
Naufragé ; Prospero trouve son duché
En une pauvre île ; et chacun se retrouve
Quand plus personne n'était son propre maître.

ALONSO, *à Ferdinand et Miranda*. Donnez-moi vos mains.
Qu'un chagrin sans fin
Enserre le cœur de qui ne vous souhaite
Bonheur et joie.

GONZALO. Ainsi soit-il ! Amen !

*Entre Ariel, accompagné du capitaine et du maître d'équipage
qui suivent, éblouis.*

Oh ! regardez, Altesse, voyez, voyez !
En voilà d'autres des nôtres ! J'ai prédit
Que si se trouvaient ici des potences,
Ce personnage ne pouvait se noyer.
Blasphémateur qui à coups de jurons
Chassais le salut du navire, sur terre
Plus un serment ? Tu as perdu la langue
En mettant pied à terre ? Quelles nouvelles ?

MAÎTRE. La meilleure nouvelle est que nous ayons
Trouvé sains et saufs le roi et sa suite ;
L'autre, le navire que, trois heures passées,
Nous quittions fendu en deux, soit comme neuf
Et gréé comme au premier jour.

ARIEL, *à part à Prospero.* Mon maître,
Tout ça depuis que je vous ai quitté.

PROSPERO, *à part à Ariel.* Mon esprit malin !

ALONSO. Tout ceci n'est point
Sorti du seul hasard ; de plus en plus
L'aventure va d'étrange en plus étrange.
Dis donc, comment es-tu venu ici ?

MAÎTRE. Si j'étais sûr, messire, d'être éveillé,
Je m'efforcerais de vous le dire. Nous tous
Étions morts de sommeil et tous fourbus
– Comment, je ne sais – sous les écoutilles ;
Où, il y a un instant, dans des bruits
Étranges et variés de forts rugissements,
De cris, de hurlements, de cliquetis
De chaînes et divers autres sons horribles,
Nous fûmes réveillés ; nous voilà tout droit
Vers la liberté ; et là, bien en voile,

Nous retrouvons notre bon vieux royal
Et vaillant navire ; notre capitaine
À sa vue, se mit sitôt à danser.
En un clin d'œil, messire, sauf votre respect,
Comme dans un rêve, on nous en arracha
Et nous mena ahuris jusqu'ici.

ARIEL, *à part à Prospero.* Est-ce assez bien fait ?

PROSPERO, *à part à Ariel.* Merveilleusement fait,
Mon bon expéditif. Tu seras libre.

ALONSO. Ceci est le plus curieux labyrinthe
Que jamais homme ne parcourut. Ici
En cette affaire est caché un mystère
Qui dépasse les usages de la nature.
Quelque oracle devra nous éclairer.

PROSPERO. Sire, mon suzerain, ne tourmentez point
Votre esprit avec ces prodiges étranges.
Nous choisirons l'instant, très prochainement,
Où en privé je vous dévoilerai tout ;
Chaque incident, tout vous paraîtra clair ;
En attendant, soyez joyeux, dites-vous
Que tout va bien. *(À part à Ariel :)*
Viens ici, mon esprit.
Libère Caliban et ses compagnons.
Dénoue le sort. *(Ariel sort.)* Comment va Votre Grâce ?
Il vous manque pourtant certains de vos hommes,
Quelques petits drôles que vous oubliez.

*Entre Ariel poussant Caliban, Stephano et Trinculo attifés de
leurs vêtements volés.*

STEPHANO. Chacun travaille pour tous, et qu'aucun ne
s'occupe de soi-même ; car tout est hasard. *Coragio,* brave
monstre, *coragio !*

TRINCULO. Si j'en crois mes yeux, c'est là un beau spectacle.

CALIBAN. Par Sétébos, voilà de beaux esprits!
Comme est splendide mon maître! Oh! j'ai grand peur
Qu'il s'en aille me châtier.

SEBASTIAN. Qu'est-ce que je vois?
Quelles sont ces choses-là, milord Antonio?
Peut-on les acheter?

ANTONIO. Sûrement. L'un d'entre eux
Est un vrai poisson et sans doute à vendre.

PROSPERO. Notez la livrée de ces hommes, messieurs,
Puis dites s'ils sont honnêtes. Ce scélérat
Difforme est le fils d'une sorcière si forte
Qu'elle contrôlait la lune et commandait,
Sans sa permission, aux flux des marées.
Ils m'ont volé, et ce demi-démon
– Car c'est un bâtard – avait comploté
Avec eux contre ma vie. Vous devez
En connaître deux qui sont bien des vôtres;
L'autre, cette chose des ténèbres, est à moi.

CALIBAN. Il va
Me torturer à mort.

ALONSO. Ce Stephano
Ne serait-il pas mon valet soûlard?

SEBASTIAN. Il est présentement soûl. D'où vient le vin?

ALONSO. Et Trinculo est tricolant. Où donc
Ont-ils trouvé cette précieuse liqueur
Qui leur dore la figure? Où as-tu pris
Cette saumure?

TRINCULO. J'ai baigné dans la saumure depuis la dernière fois que je vous ai vu, et je crains qu'elle ne s'évapore jamais plus de mes os. Me voilà pour toujours préservé contre les mouches.

SEBASTIAN. Hé! comment va Stephano?

STEPHANO. Ne me touchez pas! Je ne suis pas Stephano, mais une crampe.

PROSPERO. Vous deviez être roi de l'île, bonhomme?

STEPHANO. En ce cas, un roi souffrant.

ALONSO, *montrant Caliban.* Je n'ai jamais rien vu d'aussi étrange.

PROSPERO. Il est aussi difforme en ses manières
Qu'en son allure. Va, monstre, à ma cellule;
Emmène tes compagnons. Si tu désires
Gagner mon pardon, fais-lui une beauté.

CALIBAN. Oui, je le ferai; et je serai sage
Désormais, et chercherai à vous plaire.
Quel âne fieffé j'ai pu être de prendre
Ce soûlard pour un dieu, et d'adorer
Ce fou infatué!

PROSPERO. Va, va, va-t'en!

ALONSO. Toi, remets tout ça où tu l'as trouvé.

SEBASTIAN. Ou plutôt où tu l'as volé.

Sortent Caliban, Stephano et Trinculo.

PROSPERO. Messire,
J'invite Votre Altesse et toute sa suite
En ma pauvre cellule, où vous pourrez
Vous reposer durant la nuit qui vient;

J'en passerai une partie à vous narrer
– Ce qui devrait vous la rendre plus courte –
L'histoire de ma vie remplie d'incidents
Singuliers depuis que j'entrai en l'île.
Dès l'aube, je vous mènerai au navire,
Puis à Naples, où j'ai espoir d'assister
Au mariage rituel de nos enfants.
De là, je rentrerai en mon Milan,
Où une pensée sur trois sera ma tombe.

ALONSO. Je me languis d'entendre votre histoire,
Qui doit être à l'oreille fort captivante.

PROSPERO. Je raconterai tout ; et vous promets
Une mer sereine, des vents propices, de même
Qu'une traversée si rapide que vous
Rattraperez le temps perdu en route.
(À part à Ariel :) Ariel, mon poussin, voilà ta mission.
Après quoi tu retournes aux éléments
En toute liberté. Adieu ! *(Aux autres :)* Et vous,
Si vous voulez bien tous me faire l'honneur...

Ils sortent.

ÉPILOGUE

Dit par Prospero

Là j'ai mis fin à tous mes charmes,
Et ne dispose plus d'autres armes
Pour me libérer de mes chaînes
Que des faiblesses qui sont les miennes.
Vous seuls détenez le pouvoir
De ma défaite ou ma victoire.
Puisqu'à ceux-là j'ai pardonné
Et mon duché récupéré,
Ne m'enfermez point davantage
En île déserte et lieu sauvage ;
Mais délivrez-moi de mes liens
Par simple geste de vos mains.
Que votre souffle enfle mes voiles
Pour que mon projet initial
Qui fut de plaire soit accompli.
Mes esprits se sont évanouis,
Tout comme l'enchantement de mon art.
Ma fin n'est plus que désespoir.
À moins qu'assiégeantes prières
De toutes nos fautes nous libèrent.
Comme de vos crimes êtes pardonnés,
Veuillez me rendre par indulgenge
Ma liberté.

FINIS

Le 28 juin 1996

TABLE DES MATIÈRES

CET OUVRAGE
A ÉTÉ COMPOSÉ PAR
LUCIE COULOMBE

ACHEVÉ D'IMPRIMER
EN SEPTEMBRE 1997
SUR LES PRESSES DE
VEILLEUX IMPRESSION À DEMANDE INC.
BOUCHERVILLE (QUÉBEC)

POUR LE COMPTE
DE LEMÉAC ÉDITEUR

DÉPÔT LÉGAL
1re ÉDITION : 3e TRIMESTRE 1997
(ED. 01) / IMP. 01)